FALANDO SÉRIO SOBRE ADOLESCÊNCIA

UM GUIA PARA A FAMÍLIA

THALITA REBOUÇAS
& RENATO M. CAMINHA

FALANDO SÉRIO SOBRE ADOLESCÊNCIA

UM GUIA PARA A FAMÍLIA

2ª EDIÇÃO

L&PM EDITORES

Texto de acordo com a nova ortografia.

Primeira edição: inverno de 2024
2ª edição: outono de 2025

Capa: Ivan Pinheiro Machado
Preparação: Marianne Scholze
Revisão: Patrícia Yurgel

CIP-Brasil. Catalogação na publicação
Sindicato Nacional dos Editores de Livros, RJ.

R242f

Rebouças, Thalita, 1974-
Falando sério sobre adolescência / Thalita Rebouças, Renato Caminha. – 2. ed. – Porto Alegre [RS]: L&PM, 2025.
256 p. ; 21 cm.

ISBN 978-65-5666-511-5

1. Adolescentes - Conduta. 2. Parentalidade. 3. Crianças - Formação. 4. Pais e filhos. 5. Pais e adolescentes. I. Caminha, Renato. II. Título.

24-92966 CDD: 649.125
CDU: 649.1-053.6

Gabriela Faray Ferreira Lopes - Bibliotecária - CRB-7/6643

Rua Comendador Coruja, 314, loja 9 – Floresta – 90.220-180
Porto Alegre – RS – Brasil / Fone: 51.3225.5777

PEDIDOS & DEPTO. COMERCIAL: vendas@lpm.com.br
FALE CONOSCO: info@lpm.com.br
www.lpm.com.br

Impresso no Brasil
Outono de 2025

Para Michele Troglio, que um dia disse que queria ser uma mosquinha para escutar nossas conversas sobre adolescência. Acabou nos inspirando a transformar nossos papos neste livro.

Sumário

INTRODUÇÃO

O que acontece quando uma autora que há mais de vinte anos escreve para adolescentes encontra um psicólogo que, além de pai, há trinta anos é referência no tratamento de pessoas que estão nessa etapa da vida? Além de uma paixão arrebatadora e uma imensa admiração mútua, nasceu também um livro sobre essa faixa etária delicada, intensa e cheia de emoções à flor da pele, que vai dos treze aos dezenove anos. De muitos casamentos vêm crianças: do nosso, veio um projeto para dar um pouco de luz a tantos pais que há anos nos questionam sobre os filhos que entram nessa fase tão bonita quanto desconcertante e os deixam sem saber o que fazer, porque a adolescência não vem com manual. E isso é um fato.

Existem inúmeros livros voltados para mães e pais de primeira viagem, focados na primeira infância, e bem poucos para aqueles cujos filhos chegaram à adolescência. Esse é um momento em que a criança perde a fofura e os demais hábitos que lhe eram peculiares, levando os pais a viverem um novo parto, já que dali em diante vão ter de lidar com um *novo filho*, com direito a uma voz que muda, a um corpo cada vez maior, a pelos que surgem em profusão, a uma postura contestadora e olhos revirando a cada quinze segundos (como se estivessem desinteressados), a respostas ácidas e impacientes e a uma constante cara de tédio. É quase um estranho que está lá. Um querido... estranho. Onde estão as obras que ensinam a lidar com esse novo rebento? Por que tantos títulos dissecam a vida de bebês e crianças de todas as idades e há tão poucos sobre aquele pessoal que sofre com espinhas, crushes, amores não correspondidos, bullying e crises existenciais?

Decidimos, então, juntar o que aprendemos e vivenciamos ao longo dos anos para dar aos pais um alento, um quentinho no coração. A ideia é fazer com que adultos recém-pais de adolescentes (que, muitas vezes sem perceber, vivem um luto pela perda da criança que se transformou em uma nova pessoa) entendam melhor a cabeça de seus filhos, filhas e filhes, seus sentimentos, suas verdades e sua intensidade.

Ao ouvir de vários terapeutas a frase "queria ser uma mosquinha para escutar as conversas de vocês dois", pensamos: por que não fazer um livro com o resultado de nossos diálogos sobre adolescência? Escutamos tantos adolescentes que nos abriram seus corações, assim como pais que sofriam junto com seus filhos sem saber como ajudar, e aprendemos tanto um com o outro, ao conversar sobre nossas experiências, que decidimos juntar arte com ciência, ficção com não ficção, para escrever este livro – ajudar famílias a atravessar de forma mais harmoniosa o processo da adolescência. Assim, surgiu o primeiro fruto de uma paixão muito especial. Esperamos que ele ajude a aliviar suas angústias, esclarecer suas dúvidas e acalmar seus corações.

Um abraço e boa leitura!

Thalita Rebouças & Renato Caminha

ADOLESCÊNCIA

Adolescer, palavra de origem latina que tem na sua composição o ad, *que significa "para", que, em conjunto com* olescere, *que literalmente quer dizer "crescer", resulta em "crescer para". Mas crescer para onde, ou para quê? Para a maturidade, para deixarmos para trás o universo do ser criança, rumo à idade adulta, em um mundo que precisa que adultos sejam substituídos para que a humanidade siga seu curso natural.*

Crescer e amadurecer é um difícil e complexo processo de transição em um caminho sem volta. Há discrepâncias entre um corpo que inevitavelmente se modifica e uma cabeça que ainda lida com a comodidade e o conforto do ninho infantil. Afinal, ser criança é não ter de dar conta de montanhas de coisas chatas e difíceis, que vão desde ser responsável até gerar recursos próprios para manter a vida – ou seja, é preciso pagar os boletos.

A oscilação de um pêndulo é a marca da adolescência. Ela vai de um extremo a outro, variando de "agora eu reajo como uma criança" (geralmente quando as responsabilidades batem à porta) a "já sou adulto o suficiente e maduro para me cuidar sozinho" (quando, na maioria das vezes, definitivamente não é o que acontece).

É uma fase difícil de ser compreendida socialmente, um momento pelo qual todos nós que somos adultos evidentemente já passamos. Mas muitos ainda insistem em rotular os adolescentes como chatos, insuportáveis e, por fim, o irônico neologismo bem sem graça – aborrecentes –, traduzindo-os como os "caras que nos aborrecem" com suas inseguranças, destemperos, incertezas, agressividades, medos e desejos, "os caras que só nos enchem o saco". Será mesmo?

Quando um bebê nasce, a esperta natureza o poupa da consciência. Ele nasce com a sorte de não se lembrar de nada dessa fase no futuro, e isso vai até por volta dos três anos de idade, quando ficará madura a função do cérebro chamada hipocampo, responsável por reter as memórias autobiográficas. Ou seja, só a partir do terceiro ano após o nascimento começa o registro consciente do livro da nossa vida; até então, somos só emoções. Imagine se lembrar do nascimento, do ar invadindo os pulmões pela primeira vez, dos barulhos, das luzes, das pessoas e do mundo a nossa volta? Seria um horror, um estresse de proporções catastróficas! A biologia nos poupou disso para que tudo possa ir se organizando bem devagar, para evitar grandes traumas que assombrariam a nossa consciência futura se deles nos recordássemos.

Em geral, a puberdade é um divisor de águas. Pode haver puberdade precoce aos nove anos, mas vamos considerar que essa fase se inicia aos dez anos, em média. O que acontece nessa etapa da vida é que entramos em algo chamado de fim da infância. Renato sempre diz aos pais e aos terapeutas em formação que infância tem hora para acabar, pois é um fenômeno que termina aos doze anos. A partir daí, o organismo começa a ter uma produção hormonal para preparar a criança para ser um adulto. É o processo de maturação, de amadurecimento. É como fazer uma comida, um bolo. Os ingredientes estão ali, mas, quando você os mistura, consegue algo novo – e precisa esperar passar um tempo, enquanto a massa está assando, até aquilo se transformar no bolo. A adolescência, portanto, é uma fase de transição e perturbação.

É também uma fase de perdas. A criança perde seu corpo, sua voz, seu reinado. Ela seria o reizinho da casa, mas o adolescente, não. E é dele que os pais reclamam por revirar os olhos, não sair do quarto, não conversar, confrontar.

Há dois psicanalistas argentinos, chamados Maurício Knobel e Arminda Aberastury, que cunharam um termo muito bonito: *síndrome normal da adolescência*. O curioso é que *síndrome* é a denominação para doença. O adolescente, naturalmente, tem o comportamento desregulado, pouco empático, transgressor: ele mente, pode roubar a chave do carro do pai, é intenso, é tudo ou nada. E tudo isso é *normal*!

De repente, a criança vai dormir e acorda se sentindo um bicho em metamorfose. É quase aquela transformação da lagarta em uma borboleta, o que gera uma inconstância emocional. Hoje, a neurociência sabe que o cérebro adolescente sofre tempestades neurais. São descargas elétricas que acontecem na sua cabeça, geram grande desassossego e fazem com que seu cérebro perca a capacidade de regular as emoções. No desespero para aplacar essa angústia, o adolescente que não tem estratégias saudáveis no seu menu comportamental pode ter ações e reações das mais diversas.

Mas adolescer é também renascer, só que dessa vez munido de muita consciência e, ao mesmo tempo, de muita profusão emocional. E haja habilidade para manejar as duas capacidades em frenética ebulição! Agora, será necessário lidar com uma transformação corporal bem intensa, quando as delicadas nuances infantis vão sumir, a voz vai engrossar, brotarão pelos em profusão, apêndices como seios e pênis e saco escrotal aumentados aparecerão como *airbags* acionados depois de uma colisão, fazendo surgir um ser estabanado ainda não apossado das novas dimensões do seu corpo e assombrado por uma pergunta, muitas vezes implícita, e outras nem tanto: "O que esperam de mim agora?". É quase como um Édipo frente à esfinge que diz "Decifra-me ou te devoro". E o adolescente fica pensando se será capaz de decodificar esse mundo de novas funções que o aguardam, um mundo em parte bem assustador e cheio de exigências. É de fato um novo nascimento, e ele é como um novo bebê no mundo, prestes a se tornar um adulto, mas dessa vez com uma grande diferença se comparado ao recém-nascido: ele está vendo tudo acontecer ao seu redor e com ele mesmo.

Essa fase da vida se inicia quando, biologicamente, está decretado o fim da infância, lá por volta dos doze anos de idade, quando disparos hormonais intensos e incontroláveis começam a produzir as tais alterações físicas, em um acentuado crescimento corporal e com a expansão de várias áreas cerebrais. A natureza está preparando esse novo ser para que sua motricidade esteja à altura das tarefas que irá executar, ao mesmo tempo em que prepara o cérebro para grandes expansões, viagens e desafios cognitivos que virão pela frente, com o aumento da capacidade de abstração, do raciocínio lógico, da expansão da memória para o acúmulo de conhecimento, da capacidade de resolução de problemas, da empatia e da leitura do ambiente social.

O problema é que tudo isso é irrefreável, e a adaptação tem de ocorrer com o jogo em pleno andamento, sem pausa, mais ou menos como as melancias que devem se ajeitar ao longo do andar da carruagem. E esse ajuste demora um período bem longo, que abrange dos doze até por volta dos 22 anos de idade, sendo que a fase inicial, dos doze até os dezoito anos, é o período mais agudo. Os anos restantes são considerados como o momento do ajuste da sintonia fina, ou seja, quando a base da personalidade já está bem delineada, cabendo aos anos finais apenas o detalhamento mais sutil, mais ou menos como uma escultura de argila que, depois de moldada, vai ao forno para adquirir e manter a forma definitiva.

Isso nos ensina que as bases morais, os valores, a empatia e as expressões de conduta social que tendem a se manter ao longo da vida são configuradas nessa importante fase do desenvolvimento humano. Nosso *software* reporta as nossas vivências da infância e da adolescência. Na infância, montamos um ferramental básico oriundo do ambiente, de nossas referências afetivas e de nossos cuidadores. Na adolescência, vamos testar e ajustar essas aprendizagens e interações em um mundo real, quando será a hora da autonomia, de entrar em campo com o jogo valendo, dependendo de si mesmo e respondendo pelas próprias ações, sejam elas acertadas ou equivocadas.

Todo o reajuste no sistema físico, emocional e cognitivo gera sintomas que seriam considerados patológicos não fosse a isenção da adolescência, que alforria esses seres em crescimento. A expansão das estruturas cerebrais promove o que os neurocientistas apontam como tempestades cerebrais, ou seja, o cérebro que está em mutação se desorganiza para, posteriormente, se acalmar e achar o ajuste ideal. E é por isso que as crises de identidade, as emoções intensas, a falta de discernimento, de empatia, os surtos de irritabilidade, as transgressões, as agressões, as impulsividades, os comportamentos de risco, a busca por coisas excitantes e quiçá até perigosas, e os déficits de motivação e de atenção acontecem nessa fase. Muitas vezes o bom senso adolescente escoa ralo abaixo, mas, por mais incrível que possa parecer, tudo isso é normal e esperado. É claro que patologias podem ocorrer quando essas características ficam aguçadas em demasia; todavia, estamos falando de uma "patologia normal", ou seja, uma patologia transitória do desenvolvimento. Sim, não é simples.

Por isso não é exagero nomear a adolescência de *renascimento*. Afinal, falamos de uma mudança de estrutura biológica e mental de um ser que já nasceu e que renasce, portanto, com um outro corpo e com uma nova visão de mundo. No mesmo processo renascem também os pais, que mudam a linguagem e a maneira de interagir com os filhos, pais esses que agora têm a missão de aprender a ser pais de adolescentes, e não mais de crianças. E podem ter certeza de que tudo será diferente. Temos de lidar com novos papéis. Sairemos daquela linda condição de pai, mãe ou cuidador recebido com beijos e abraços ao buscar uma criança na escola para o pai, mãe ou cuidador que escuta "você pode me pegar na esquina da escola? Não precisa ficar no portão, não, tá bom?" – em uma explícita mensagem do tipo "não me envergonhe, não me trate mais como criança". Mas temos certeza de que as informações das próximas páginas serão de grande valia nessa fase de ajudar seu filho a crescer em direção à maturidade.

ABUSO

Abusos são situações consideradas repetitivas e intencionais que podem ferir a integridade física e/ou psicológica de crianças e adolescentes. Abusos também podem ser entendidos pelo conceito de maus-tratos, que é dividido cientificamente em quatro categorias básicas: negligências, abusos psicológicos, abusos físicos e abusos sexuais. Geralmente os abusos, por serem repetitivos, acabam sendo perpetrados por pessoas próximas ou da própria família dos jovens. As estatísticas nacionais e internacionais são altíssimas; os especialistas consideram essa temática um problema de saúde pública devido aos enormes prejuízos ocasionados às vítimas e os danos replicados à sociedade como um todo.

Como explicar para os nossos adolescentes o que é um comportamento abusivo? Por mais que ele revire os olhos para a conversa, é importante que saiba se proteger de abusos tanto em casa quanto na rua. Nossos jovens precisam conhecer uma regra bastante simples: não é não. Isso vale tanto para situações ativas quanto passivas, ou seja, quando você passa dos limites com alguém e ouve um não, você deve acatar isso imediatamente; quando você diz não a alguém, você deve ser igualmente respeitado de pronto. Existem várias formas de abusos, e elas podem ocorrer tanto em relações de amizade quanto em relações que envolvem hierarquia – dentro e fora das famílias. Todavia, os abusos mais preocupantes e aos quais devemos estar atentos são os que podem acontecer em ambientes supostamente protegidos – como as famílias.

Quando trabalhamos com adolescentes e até mesmo pacientes adultos em nossos consultórios, seguidamente nos deparamos com relatos de abusos de todas as categorias citadas acima. Esse é um tema que requer muita atenção por parte dos pais, já que muitas vezes os abusos ocorrem debaixo de nossos olhos e não conseguimos enxergar adequadamente. Uma das piores e mais danosas formas de abuso e de diagnóstico mais tardio é o abuso sexual. Ele costuma ocorrer de modo matreiro e escondido por trás de um código que os especialistas chamam de *síndrome de segredo*. Todo abusador sabe que seu comportamento é repudiável socialmente, então ele faz de tudo para que o comportamento abusivo não venha à tona. O segredo costuma ser mantido por meio de barganhas, ameaças de agressões físicas ou de responsabilização da vítima pelo comportamento sedutor. A ideia de responsabilizar a vítima por atos abusivos não é nova e, devido a nossa sociedade estruturalmente machista, essa estratégia costuma ser aceita pela família das vítimas e pela sociedade em geral. Neste ponto, vale lembrar que a capacidade de anuir a um ato sexual depende de três fatores básicos: 1. capacidade anatômica para o ato sexual; 2. maturação cognitiva que permita discriminar o que está ocorrendo e optar conscientemente pelo ato; e 3. o ambiente a nossa volta, que dita os costumes sociais.

É justamente a síndrome de segredo que faz com que o índice de capacidade de dano se eleve e torne o abuso sexual a modalidade de violência mais traumática a qual um sujeito pode ser exposto em sua vida. A síndrome de segredo permite que o abuso ocorra de modo longitudinal (ao longo de um período de tempo que pode chegar a muitos anos), sendo diagnosticado comumente após pelo menos um ano de ocorrência repetitiva do ato (um ano é tempo mais que suficiente para gerar danos na arquitetura neural de um cérebro adolescente, que ainda está em desenvolvimento).

Vítimas dessa forma de abuso acabam desenvolvendo alguns comportamentos aos quais os pais devem estar bastante atentos: comportamento hipersexualizado, comportamento pseudomaduro e sedutor sexualmente ou o oposto disso, aversão a qualquer assunto relacionado a sexo ou intimidade física, comportamento depressivo de isolamento social, dificuldade de socialização e baixa empatia, automutilação, comportamento agressivo, distúrbio do sono ou uso de substâncias psicoativas.

As estatísticas de abuso são elevadas e democráticas com as classes sociais, ou seja, ocorrem em todas as camadas, mais ricas e mais pobres, e são combatidas em todos os países por meio de campanhas preventivas que difundem o conhecimento e educação sexual, tendo como objetivo a quebra de ciclos de violência doméstica que tanto prejudicam nossas crianças e adolescentes.

Com relação às outras formas de maus-tratos, temos a negligência, que se refere a deixarmos de suprir uma necessidade básica dos nossos filhos, envolvendo desde fatores relacionados a saúde e alimentação até necessidades emocionais.

Os abusos psicológicos praticados por um membro da família também costumam ser devastadores, afinal, crianças e jovens confiam muito em nós como portadores de verdades. Quando pronunciamos sentenças do tipo "você é vagabundo"; "você não presta para nada", "burro", "idiota", estamos contribuindo para a construção de crenças autorreferenciadas – e as palavras dos nossos adultos modelos soam devastadoras numa forma de bullying familiar.

Por último temos os abusos físicos, que costumam ser utilizados como uma forma de adestramento, para que nossos adolescentes façam aquilo que julgamos ser o correto. Porém, há uma máxima que diz que, quando batemos para ensinar, ensinamos a bater. Os abusos físicos costumam ser visíveis devido às lesões corporais na vítima. Quando um adulto bate numa criança, está expressando sua frustração com alguma conduta dessa criança, e é comum vermos pais e cuidadores surpresos quando chamados na escola por condutas agressivas que os filhos manifestam após se sentirem frustrados.

A violência doméstica requer informação e atenção, pois é um comportamento que fere as normas sociais e as leis vigentes em nosso país. É fundamental que tenhamos atenção com esse assunto, que é tão grave, pois o prejuízo emocional é muito grande. Violência doméstica é uma patologia do sistema familiar e como tal precisa de intervenção e tratamento de especialistas.

Dicas para pais e responsáveis: estejam atentos e informados acerca dos sinalizadores que a criança ou adolescente pode expressar quando está sofrendo algum tipo de violência. Os abusos são corriqueiros e muito mais comuns do que as pessoas leigas supõem.

Evite a utilização de qualquer forma de violência na relação com crianças e adolescentes; ela produz danos psicológicos severos, fere as normas sociais e adoece o sistema familiar com reflexos no tecido social. Sempre que houver suspeita de violência denuncie ao Conselho Tutelar ou delegacias especializadas da infância e adolescência. Busque os recursos disponíveis sempre que necessário.

AMOR

A história de amor mais famosa de todos os tempos, Romeu e Julieta, *é protagonizada por dois adolescentes. Não foi à toa que Shakespeare escolheu dois jovens dessa faixa etária para viver um amor dramático e impossível. As paixões, as tristezas, as dores, os dramas, tudo sempre acontece com muita intensidade nessa fase. Quando adolescentes amam, amam muito. Quando o amor termina, dói muito. Parece que tudo é muito forte, que tudo é definitivo, que tudo é para sempre nessa idade, mas sabemos que não é. As percepções são amplificadas porque muitas das experiências são inéditas. É a época das primeiras vezes, e é a primeira vez que começamos a experimentar o amor romântico e o apaixonamento.*

As primeiras paixões, em geral, acontecem na puberdade e na adolescência, e isso ocorre por questões bioquímicas e hormonais. Não é coincidência que seja nessa época que começamos a ensaiar a prática romântica. Isso é resultado do forte bombardeio de hormônios que o corpo adolescente está sofrendo. Um maior número de esteroides sexuais é produzido e disparado no organismo, fazendo com que ele se modifique bastante – nos meninos, nascem pelos na região pubiana e em outros lugares, a voz se altera, os músculos crescem e a glote fica proeminente; nas meninas, além dos pelos, aparecem seios, os quadris se alargam e inicia a menstruação. O comportamento dos adolescentes também muda: surge um maior interesse pelo outro, e a vontade de fazer sexo é despertada.

A projeção de futuro de quem está apaixonado é sempre mais otimista, e definitivamente amar estimula o cérebro confiante. Isso acontece porque é como se o cérebro apaixonado emburrecesse, porque ficamos meio que embotados, com nossos sentidos entorpecidos. Ficamos com a atenção seletiva, não vemos determinados sinais, relevamos situações e características que, mais adiante, quando não estivermos mais sob o efeito da paixão, iremos ver com mais clareza. Alguém apaixonado enxerga tudo mais bonito porque está literalmente sob o efeito de drogas (dopamina) que o organismo mesmo produz.

Não é incomum que a primeira paixão do garoto ou da garota seja por alguém inatingível, uma pessoa que admirem ou alguém mais velho, como um professor, um ator ou atriz, uma celebridade. Em geral, a experiência é puramente platônica e acontece bem antes do seu despertar sexual. Esse tipo de apaixonamento ocorre justamente porque as pessoas que são objeto dele representam um ideal, um estilo de vida admirável, algo impressionante, ou então porque simbolizam tudo o que os adolescentes gostariam para sua vida futura. Logo, acaba sendo mais um produto de uma identificação emocional do que um amor realmente romântico.

O fato é que o amor romântico é muito importante para o ser humano. Evolutivamente, ele atende a uma necessidade biológica que temos de formação de vínculos longitudinais, ou seja, de laços que precisam ser mantidos ao longo do tempo e por períodos suficientes para que se forme um núcleo de reprodução e cuidados – uma família –, a instituição que poderá zelar pelo mais dependente dos filhotes de toda a natureza: o bebê humano. Ele precisa de amparo por um tempo muito grande até que seja autossuficiente, e é o amor que garantirá esse núcleo forte.

Não importa o tipo de família, seja ela heteronormativa, monoparental, homoafetiva ou neoconfigurada, as regras que a regerão e que irão valer serão as mesmas: a formação de vínculos protetivos em prol dos filhos. Aliás, essa questão de vínculos vem evoluindo muito na sociedade nos últimos anos. O adolescente de hoje lida com o amor, com o afeto e com a sexualidade de uma maneira muito diferente das gerações anteriores, fazendo valer a máxima de que amar é amar, não importa quem se ame.

O encantamento adolescente idealizado é mais pela essência do outro, e não por sua designação corpórea ou genética. Aliás, isso vale para relacionamentos afetivos com ou sem sexo. Diferentes formas de relacionamentos interpessoais em relação ao amor e ao sexo também já estão sendo mais abertamente aceitas na sociedade e praticadas, como a não monogamia, o poliamor, a poliafetividade, a não monogamia ética etc., o que era impensável há apenas alguns poucos anos. É claro que ainda existe uma parcela da sociedade que é mais refratária a tudo isso, e para essa turma tais ideias ainda são inadmissíveis. Mas a evolução dos costumes nunca acontece de maneira homogênea.

Por tudo isso, é preciso naturalizar nas conversas com os adolescentes a conexão (ou ausência de) entre o amor e o sexo. Precisamos deixar claro que existe a atração sexual sem relação amorosa, e vice-versa. Pode acontecer uma paixãozinha rápida, um encantamento, mas não necessariamente isso precisa virar um relacionamento amoroso intenso, duradouro. Precisamos tomar cuidado para não reforçar estereótipos, como o da menina que precisa ser retraída, o menino que precisa ser garanhão, repetindo a idealização machista na qual o menino deve ter a experiência sexual o mais breve possível, e quanto mais relações sexuais tiver, mais troféus terá em casa. E a menina teria que ser seletiva e precisaria se apaixonar para se entregar para aquele que "mereça o seu coração (e seu corpo)". Então a princesa fica lá, no alto do castelo, esperando o príncipe encantado, que chegará no seu cavalo branco... Mas talvez nunca chegue o príncipe encantado! Talvez chegue a princesa encantada! Precisamos entender que modelos rígidos só causam sofrimento para pessoas diferentes, que eventualmente não se encaixam neles. É preciso tratar diferentemente os diferentes.

O fato é que todos esses comportamentos amorosos que se iniciam na adolescência funcionam quase como se fossem treinos para, mais tarde, jogarmos o campeonato para valer. Ou seja, quando adultos, isso servirá para criarmos vínculos com alguém com quem pretendamos, por um tempo mais longo ou mais curto, estabelecer laços para ter companhia, para formar um núcleo, para criar filhos etc.

Se as novas gerações fazem os costumes mudarem e evoluírem, a única coisa que não podemos dizer do amor da adolescência de hoje, comparado com as gerações anteriores, é que ele seja mais leve, como alguns até gostam de dizer. Qualquer que seja a maneira como se expressem, relacionamentos sempre geram muita gratificação, mas não deixam de trazer conflitos, sofrimento e ambiguidades. Por isso, "leve" é um termo que dificilmente poderá ser aplicado às relações afetivo-sexuais.

Se um jovem de quinze ou dezesseis anos disser que nunca se apaixonou, podemos desconfiar dessa afirmação. É mais provável que isso já tenha acontecido, que já tenha experimentado a paixão em si, mas tenha vergonha de admitir e não queira falar sobre seu sentimento. Isso acontece porque a maioria dos adolescentes ainda não tem uma identidade nem uma autoestima suficientemente construída para sustentar uma afirmação tão forte como "estou apaixonado/a".

É claro que sempre há as exceções, mas em geral adolescentes têm muita vergonha das questões relacionadas a gostar de alguém, a se apaixonar, a amar. E a vergonha existe, em primeiro lugar, porque ter esse sentimento por outra pessoa é algo novo. Na puberdade e na adolescência, estamos nos reorganizando como indivíduos, como pessoas, tanto física quanto psicologicamente. Há momentos em que ainda nos sentimos e nos achamos crianças, e bate fortemente o constrangimento de ter de lidar com uma nova função biológica, nunca antes desempenhada.

O adolescente é, no mais das vezes, um fóbico social, sempre preocupado com o julgamento do outro, com a validação do outro, sempre pensando no que vão achar dele, porque o pertencimento a um grupo é profundamente importante nessa fase em que ele precisa se diferenciar dos pais para encontrar sua identidade própria. Portanto, ao se apaixonar por uma menina ou por um menino, a coisa mais temerosa do mundo para um adolescente é revelá-lo e ser rejeitado em público pelo grupo. Ou então ser ridicularizado, porque os adolescentes têm a tendência a zoar com a cara uns dos outros, a humilhar os outros da turma, até para mostrar sua posição no grupo. Por isso, é um risco muito grande demonstrar uma paixão, mesmo quando o adolescente em questão é considerado o "popular", pois, se for uma experiência vexatória, mexerá demais com sua autoestima, já que ele não tem ainda um *self*, uma estrutura de personalidade devidamente estabelecida para suportar essa situação e para lidar com a rejeição – ainda mais se ela for pública e coletiva.

Se um adulto se apaixonar por outro adulto e for rejeitado, ele provavelmente vai conseguir lidar com a situação sem precisar necessariamente esconder o fato a sete chaves. Com o adolescente, no entanto, é diferente. Ele está entrando em um mundo novo, desconhecido, do amor romântico, experimentando e ensaiando uma função absolutamente inédita. O cérebro do adolescente não tem ainda maturidade psicológica para tal. E, como dito anteriormente, muitos adolescentes, inclusive, ainda misturam muito a questão do amor e do sexo, o que pode trazer complicações adicionais.

Vamos falar mais um pouco sobre a primeira vez em que o jovem ama, sobre a primeira paixão. O adolescente que se apaixona pela primeira vez tende, justamente por não ter uma personalidade ainda bem constituída, a abrir mão do seu *self* para aumentar o *self* do outro. Se ele já tem a tendência a abrir mão das suas características para ser aceito em um grupo – afinal, os adolescentes se agrupam em tribos –, no caso do apaixonamento isso vai se acentuar. Ele quer imitar o outro, "clonar" o outro e ser como esse outro. Ele acha que isso vai gerar o interesse e a aceitação do outro, e até que não está totalmente errado. Como diz a Thalita, o adolescente é meio "aderente à calcinha": ele se molda.

Isso por um lado é bom, mas também deve acender uma luz amarela para se ficar alerta. É muito bom quando está bom, mas o jovem pode também se machucar. No afã de se entregar à paixão, ele pode ir se anulando e, se cair nas mãos de um abusador, pode se ver em um relacionamento tóxico, nocivo. Pode até ser vítima de manipulação psicológica, de alguém que o machuca e em seguida diz que ama, pede perdão alegando que tudo vai melhorar e depois repete o ciclo. Se isso já é difícil para adultos, que são mais maduros, para um adolescente, com toda a sua intensidade e hormônios em ebulição, é muito mais complicado. Os pais têm que estar alertas com relações muito intensas, principalmente as que envolvem muitas brigas e confusões.

Sabemos que, quando adolescentes brigam, o fazem com muita intensidade, muitas vezes com palavras desrespeitosas e até com alguma possibilidade de violência física. Os adolescentes cruzam essas fronteiras dos relacionamentos tóxicos com muito mais facilidade. Os familiares têm que estar bastante alertas em relação a que tipo de relacionamento seu filho está tendo. Não precisam ser invasivos, mas vigilantes. Temos que estar sempre ligados sobre com quem nossos filhos andam, a que horas e em que estado chegam. Parece ridiculamente básico, mas não raro terapeutas de adolescentes se veem repetindo isso em consultório para os pais de seus pacientes. É preciso saber o que seus filhos estão vendo na internet, ficar atento aos sites que frequentam, com que tipo de conteúdo estão se identificando. Isso vale para suas relações amorosas e de amizade também.

Diante de tudo isso, se os adolescentes perceberem que têm espaço e acolhimento, e não julgamento e ironia, se sentirão à vontade para falar com os pais de seus apaixonamentos, de seus amores e de seus sentimentos. Não é possível garantir que isso vai acontecer, porque o jovem nessa fase é mais introspectivo e tem a tendência a ter vergonha, como já dissemos. E em geral, na nossa cultura, as pessoas ridicularizam o amor romântico do adolescente. Ele chega em casa e logo escuta: "Ah, tá apaixonado?"; "Ahhh! Tá namorando!". Em geral os parentes debocham do amor romântico dos jovens, e essa é mais uma coisa que eles tendem a guardar para si, pois sentem a mesma insegurança sobre serem aceitos, dessa vez pela família.

No ambiente dentro de casa, quando não respeitamos esse apaixonamento, como o adolescente vai ter segurança para compartilhá-lo com os pais ou principais cuidadores? Para o adolescente falar, ele precisa ter esse espaço seguro e respeitoso. O adolescente é um ser humano, e ninguém fala tudo para todo mundo. E pai e mãe não são amigos, são pai e mãe. E é a maior falácia os pais que acreditam que "meu filho vai contar tudo pra mim, porque ele é meu amigo". Não vai. Ele vai esconder coisas. O adolescente pode falar do seu apaixonamento se for do seu interesse e se ele se sentir seguro para tal, se houver esse espaço seguro construído ao longo do tempo, desde a infância. Se a gente forçar a barra, ele pode se sentir invadido, recuar em vez de falar e se fechar como uma concha. Se dermos o espaço seguro, sem julgamentos e sem crítica, talvez ele fale – e mesmo assim apenas até a página 2, e depois talvez não fale mais. Porque os adolescentes são assim.

Vamos falar do término do amor, quando as relações amorosas acabam, porque isso é algo muito sofrido para o adolescente. A filha de uma amiga nossa, de dezessete anos, entrou em depressão quando o primeiro namorado, que foi o primeiro em tudo, terminou com ela. Foi um rompimento ruim, com traições, infidelidade e deslealdade. Adolescentes que sofrem rejeições amorosas podem chegar a situações extremas, e isso pode lhes trazer um desequilíbrio sério, com dor e sofrimentos reais e intensos. A dor de amor não é uma dor física, é uma dor subjetiva, mas dói muito. Ela é processada na mesma área do cérebro que a dor física, e a sensação causada pela dor amorosa é igual à causada pela dor física. O cérebro vai se habituando a lidar com essa dor. Por isso, em um determinado momento, o sofrimento também passa.

Quando um adolescente passa pela rejeição em uma relação amorosa, depois de um término de relacionamento, seu cérebro experimenta um elemento absolutamente novo. Ele sente que aquela pessoa que ele queria não o quer mais, e essa é uma IMENSA dor para o adolescente, com toda a sua intensidade. Se para um adulto já é muito doído, para o adolescente equivale a essa dor ser multiplicada por dez, porque o cérebro dele nunca viveu aquilo.

Quando o pai ou a mãe, na melhor das intenções de ajudar o filho, diz: "Deixa de drama, ele/ela não te merecia, você é jovem e tal...", acaba invalidando aquele sentimento novo para o adolescente, o que é péssimo. Quando o jovem está vivendo algo assim, ele não acha, ele tem certeza de que vai morrer de amor. Então, não é exagero: ele realmente acredita que é o fim, porque seu cérebro ainda não viveu aquela dor. É muito saudável que pais e cuidadores pensem sobre esse prisma, pois não é drama, é simplesmente um ser humano aprendendo a lidar com um novo tipo de emoção.

Por isso, em vez de desdenhar da dor do filho, mesmo com o bom intuito de ajudar, devemos apenas acolher.

Se os familiares se conectarem com as suas próprias adolescências, podem contar suas histórias, que certamente serão altamente empáticas e formarão um vínculo especial com os filhos. "Já passei por isso", "Achei que era a pior coisa que tinha acontecido na minha vida", "Uma pessoa me rejeitou e eu achei que fosse morrer". Renato sempre diz aos pais no consultório: "Querem ser parceiros dos seus filhos? Criem uma conexão empática". Esse tipo de conversa gera uma confiança e uma validação importantes para a manutenção de vínculos.

Dicas para pais e responsáveis: amar é muito bom. Quando estamos apaixonados, tudo parece bom, sorrimos, cantamos e nos desafiamos a sermos melhores. Experimentar o amor pela primeira vez sem dúvida é uma das experiências mais transformadoras da adolescência. Quando se é correspondido, então, parece que descobrimos as chaves que abrem os portões do paraíso. Os familiares precisam ficar atentos porque os adolescentes, mais cedo ou mais tarde, ansiarão passar por essa experiência, e inevitavelmente passarão. Pais precisam ficar perto dos filhos para observar quando chega, ou não, o príncipe ou a princesa encantada, pois seu filho pode e deve experimentar tudo, desde que haja respeito aos limites estabelecidos, sem abuso, sem machucar a si ou aos outros. É imperativo deixar claro que o filho será acolhido sempre, independentemente de como for ou se descobrir – e os familiares precisam abrir a cabeça para orientações sexuais, comportamentos e identidades de gênero diversas, criando desde cedo um espaço seguro para trocas e diálogos em família. E quando o adolescente precisar de colo ou de curativos para suas feridas amorosas, os pais estarão ali para mostrar e garantir que nada é para sempre, nem a dor e nem o amor. E que as tragédias como as de Shakespeare podem ser evitadas quando o adolescente está bem com ele mesmo, aprendendo com as experiências. Esse é o melhor final feliz que pode existir para as histórias de amor.

ANGÚSTIA E ANSIEDADE

Adolescente é um ser muito angustiado e profundamente ansioso. Tanto a angústia quanto a ansiedade vêm de uma emoção básica chamada medo. Se considerarmos que as emoções têm uma linguagem, o que o medo significa? O que ele quer nos dizer? Que não temos controle sobre os fatos, que somos vulneráveis, que algo incontrolável pode acontecer e ser perigoso, e que tudo isso nos deixa instáveis. Se entendermos tudo isso, que é a semântica do medo – a linguagem do medo –, e que o medo é a emoção-base, fica fácil de entender por que o adolescente é, em particular, angustiado e ansioso. O adolescente é um estreante em um mundo cada vez mais demandante.

O adolescente está passando por uma fase de turbulência, e qualquer turbulência ou instabilidade gera angústia e ansiedade. Se não controlamos os fatos, não temos domínio das situações. Pense no que acontece com o adolescente. Ele era uma criança que cresceu muito rápido e agora está em um corpo que ainda não conhece muito bem e sobre o qual ainda não tem domínio.

Além disso, foi jogado de repente em um mundo de relações sociais que requerem mais sofisticação – e ele não conhece muito bem isso nem tem domínio sobre esse jogo. Dessas funções sociais novas exigidas dele, ele ainda não sabe o que vai acontecer, se vai dar conta de tudo nem para onde tudo isso vai, ou como vai acabar.

Por essa lógica, é normal que a angústia, a ansiedade e a adolescência sejam coisas que aconteçam simultaneamente, ou seja, que façam parte dessa fase. A angústia vai acontecer a qualquer pessoa que não tenha controle sobre determinadas situações. A falta de controle dos fatos, em qualquer circunstância, em qualquer fase, em qualquer idade, gera ansiedade.

Essas emoções vêm de não conhecer, de ser jogado em desafios, e o adolescente é um sujeito que está em constante desafio. Ele está experimentando muitas situações pela primeira vez, e ainda não tem experiência e nem domínio de muitas coisas. Tem a sensação constante de "ninguém me ensinou, ninguém me contou como vai ser, nem as ferramentas para lidar com as situações que eu enfrento".

Adultos sofrem por situações recorrentes em suas vidas. Vale lembrar que, para o adolescente, muitas das situações ansiogênicas serão fruto de primeiras vivências. Todavia, é necessário um olhar atento dos pais para aquilo que pode ser uma manifestação de um transtorno de ansiedade. Para isso, tenhamos em mente que qualquer sinal de forte ansiedade recorrente, paralisante ou promotora de esquivas repetitivas deve ser devidamente avaliada por um especialista. Transtornos de ansiedade não tratados na adolescência indicam prognósticos pouco favoráveis em relação à socialização e à qualidade de vida na maturidade.

Tudo isso também "puxa" uma outra emoção, que é a raiva. O adolescente tem muita irritabilidade porque se sente incompreendido, sozinho e desamparado. Na verdade, ele faz muitas besteiras e se mente em confusões porque ainda está aprendendo muito pela experiência, pela tentativa e erro, e fica irritado ou angustiado com isso, por tudo aquilo que não veio no seu manual de instruções.

É como se você se mudasse para um novo país, em que não dominasse o idioma, não conhecesse a cultura e nem soubesse se movimentar por ali. Sem mapa, sem orientação e sem saber se suas ferramentas e recursos vão ser suficientes para lidar com as novas situações e adversidades, você se vê extremamente amedrontado, angustiado e por vezes até irritado, injustiçado ou raivoso.

Dicas para pais e responsáveis: os pais precisam ajudar os filhos, com paciência, amor e compreensão, a entender que estão apenas passando por uma fase de transição biológica, de transição corporal, de transição psicológica e mental, e que logo eles se acostumarão com esse novo "mundo" em que habitam e terão experiência suficiente para não precisarem experimentar esse tipo de emoção. Logo eles se sentirão "em casa" novamente, e não haverá motivos para um sentimento de desconhecimento ou turbulência, que causa medo e angústia. Fiquem atentos apenas à intensidade e à frequência das manifestações de ansiedade – elas podem ocultar algo mais grave, com prejuízos ao longo da vida.

AUTOMUTILAÇÃO

Este é um assunto que faz parte das nossas vidas desde o começo das nossas carreiras. É necessário falar sobre isso. Cada vez mais jovens se cortam, se machucam, deixam de comer, comem compulsivamente ou forçam o vômito (sim, tudo isso é automutilação). Seria impossível fazer um livro como este sem tocarmos em um assunto tão delicado e literalmente tão escondido pelos adolescentes. Pode doer, pode ser difícil e pode até abrir seus olhos. Respire fundo e venha.

Muitos pais e mães nos pedem para abordar esse tema há anos, principalmente para a Thalita. Ela demorou muito para escrever sobre isso, pois pensava que seu texto leve não combinava com um assunto tão denso. Só com vinte anos de carreira, e outros tantos de terapia, ela se sentiu apta a lançar o livro *Confissões de uma garota linda, popular e (secretamente) infeliz*, que conta a história de uma menina bulímica, que fere a própria boca. Para escrevê-lo, ela leu muito sobre o assunto e entendeu que automutilação é algo muito mais comum do que se imagina, mesmo com a quantidade de informações que os adolescentes têm, literalmente, na palma das mãos.

Jovens se machucam nas pernas e as cobrem com calça comprida. Ou nos braços, e os escondem com blusas de manga longa. E os mais "espertos" se cortam nas mucosas, locais que não estão à vista, como a vagina e a gengiva.

E se cortam na virilha também, um lugar bastante escondido e difícil para os pais ou outras pessoas perceberem.

A protagonista do livro da Thalita, Valentina, é uma jovem que sofre com transtornos alimentares e se mutila na gengiva. Ela teve a ideia de escrever sobre isso quando estava em um resort na serra, durante uma Copa do Mundo. Depois do almoço, enquanto os hóspedes viam um jogo pela TV, entrou no banheiro do restaurante e ouviu alguém vomitando. Pensou em esperar pela pessoa, para ajudar, mas de repente viu sair do reservado uma adolescente alta e muito magra, tipo modelo de passarela, com olhos profundamente azuis, mas que estavam vermelhos de tanto que devia ter vomitado. Ela não parecia estar doente ou passando mal, aparentava como se nada tivesse acontecido. Quando olhou para Thalita, se assustou (talvez a tenha reconhecido) e correu para fora, nitidamente envergonhada.

Thalita ficou paralisada, sem ação; depois, foi atrás dela, mas ela já tinha sumido (o hotel era enorme). Para que superasse a frustração de não conseguir ajudar aquela menina e tentar auxiliar muitas outras, que não aceitam o próprio corpo e vomitam para obviamente tapar um buraco, resolveu escrever a história da Valentina.

Quando alguém faz uma violência contra seu corpo, do tipo anorexia, bulimia ou compulsão alimentar, tudo isso é considerado automutilação. Quando falamos de transtornos alimentares, geralmente a pessoa tem uma imagem muito distorcida de si própria ou busca uma imagem muito idealizada do seu corpo. Muitas vezes, é um corpo muito magro que a pessoa enxerga como gordo. Esses transtornos estão associados a um quadro de profunda desregulação emocional. Em geral, aparece em pessoas que apresentam medo de abandono, sensações de vazio, vivência intensa de emoções ou emoções muito polarizadas, dificuldade grande de formar e manter vínculos sociais.

Esses quadros profundos de desregulação emocional demonstram uma incapacidade de lidar com as adversidades e com as emoções que brotam nos momentos críticos em nossas vidas. Podemos dizer que, em geral, eles têm uma raiz na adolescência, porque a personalidade se estrutura no final dessa fase. Daí em diante, tendemos a repetir comportamentos, adaptativos ou não, que desenvolvemos nesse período. Quando eles são muito disfuncionais, é bem possível que haja uma personalidade muito comprometida, ou seja, a pessoa terá dificuldade em lidar com problemas, será muito sensível a estresse e suas estratégias para resolução de problemas trarão mais questões para serem resolvidas do que soluções.

A verdade é que ninguém nasce com tendência para se automutilar. É o ambiente que vai moldando os comportamentos. Por incrível que possa parecer, em alguns casos, automutilar-se é uma maneira de sentir alívio diante de uma situação incontrolável. Porque é uma dor provocada com controle, diante de uma outra dor maior, mas sem controle. Por exemplo: um pai que chega bêbado da rua, uma mãe extremamente agressiva, uma família desorganizada, sem regras, que não supre os cuidados básicos com uma criança e um adolescente etc. São muitos os motivos que podem levar um adolescente a se ferir. Mas não estamos falando de consciência sobre o estresse vivido, e sim da necessidade de se adaptar a um ambiente, por mais caótico que ele seja.

Um adolescente que se alivia se mutilando por um lado está conseguindo um paliativo (bem complicado), mas por outro está se prejudicando muito seriamente. Quando se automutila, o adolescente compromete sua saúde física e social, já que esse comportamento não é nem aceito e nem bem visto.

Um adolescente que se mutila está buscando tapar um buraco emocional, e faz isso com a dor física. De fato, ele sente um certo alívio, porque a dor física e a dor emocional são processadas nas mesmas áreas do cérebro. Quando sentimos uma dor física ou emocional, liberamos endorfinas, anestésicos naturais que proporcionam bem-estar. Quando alguém passa por situações extremas, como um acidente grave, em que existe um nível grande de trauma, a pessoa não sente nada. Passado um tempo, ela vai para casa e começa a sentir dores no corpo inteiro, porque o estresse e a dor física acabam liberando endorfinas. Resumindo: o que acontece quando um adolescente começa a se mutilar é que, quando ele produz a dor, também libera os anestésicos naturais do corpo.

Claro que isso é perigosíssimo, pois pode acabar virando um comportamento viciante. Só que há outro detalhe nessa história. A automutilação é um comportamento que viola o corpo, então é considerado um comportamento parassuicida, ou seja, é parente bem próximo do suicídio e pode, inclusive, evoluir para ele. Quando a pessoa se corta, ela está buscando ter vivências muito intensas, porque a intensidade, a excitação, tudo isso dá sentido à vida de quem é profundamente desregulado emocionalmente.

Da automutilação para a dependência química também é um pulo, porque o entorpecimento produz gratificação e é uma forma de se encontrar, se significar. A pessoa encontra sentido naquilo, só que o prejuízo desse comportamento é muito grande. Quando alguém morre de overdose, isso também é considerado suicídio, porque a pessoa que se excede nas drogas para buscar uma gratificação mais intensa vai se matando aos poucos. É como alguém que sai, bebe muito e volta dirigindo para casa. A pessoa está drogada, bêbada, anda em alta velocidade, ultrapassa o sinal fechado, bate o carro, morre.

Sempre que uma pessoa está desregulada no âmbito emocional, ela busca naturalmente se regular, mas existem comportamentos reguladores saudáveis e não saudáveis. A automutilação é um tipo de autorregulação, mas não só ela. Quando o adolescente come descontroladamente, bebe muito ou se droga, isso acontece na sua busca por regulação. De uma maneira avessa, é claro, mas é assim que acontece.

A terapia ainda é o melhor caminho para que uma autorregulação saudável aconteça, até mesmo porque os remédios têm pouco a fazer, ou quase nada, nesses tipos de transtorno. Eles são usados, de modo geral, para reduzir comportamentos impulsivos, mas não são direcionados ao cerne do problema. Do nascimento até o fim da infância há um processo de amadurecimento do sistema emocional, e o adolescente não tem ainda estrutura para lidar com essas emoções.

Os pais podem identificar uma automutilação ou uma anorexia se tiverem uma conexão forte com seus filhos. Mas, principalmente, eles precisam ficar atentos aos sinais. Eles existem sempre, e alertamos sempre aos pais: leiam os sinais!

A triste verdade é que muitas pessoas que têm filhos não teriam condições emocionais de ter filhos, pois ser pai ou mãe pressupõe a capacidade de fazer renúncias. Filhos requerem renúncias o tempo inteiro, requerem estresse o tempo inteiro. Filhos trazem os sabores e os dissabores, e esses últimos são muito maiores que os primeiros.

Por exemplo: você tem um namorado por quem está apaixonada, e uma noite ele cutuca você na cama e pede: "Amor, busca uma água pra mim?". Você pode estranhar, mas vai e busca a água. Na segunda vez, talvez até você busque novamente, mas na terceira vez vai mandar a pessoa para o quinto dos infernos e pensar: "O que esse cara pensa que eu sou?". Com um filho, não tem isso. Você vai acordar uma, duas, quatro, cem vezes por noite, vai passar madrugadas em claro e ainda vai ter que dar conta da sua rotina no dia seguinte, extremamente cansado, estressado, com pouquíssimas horas dormidas.

E quanto menos horas de sono você tiver, mais você vai se estressar. E quanto mais estressado um pai está, menos capacidade de ver o filho ele tem, e menos chance de ler os sinais que ele envia. Os sinais são um pedido de socorro, um "olha pra mim". Existe uma máxima que diz que precisamos ter primeiro o autocuidado. Se você é um pai que não tem capacidade de cuidar de si mesmo, não conseguirá cuidar de ninguém.

Quando o adolescente começa a apresentar algum tipo de lesão no corpo sem nenhuma explicação coerente, quando começa a esconder membros inferiores e superiores em roupas inadequadas, quando começa a se isolar em demasia (porque adolescentes se isolam naturalmente) e quando começa a murchar, a perder o brilho, é importante prestar atenção.

Pais e mães dizem: "Minha filha? Conheço como a palma da minha mão!". O discurso é lindo, mas não veem a filha com braços e pernas feridos, não veem um filho se escondendo sob roupas que não têm a ver com o clima ou com a situação. As pessoas lançam essas defesas cognitivas para evitar reconhecerem que alguma coisa ali não está dando certo. Então, fogem da falibilidade, pois têm dificuldade de assumir isso. Há pais que acabam não vendo (ou não querendo ver) porque não querem admitir que houve problemas ou falhas.

Para muitos pais, procurar ajuda profissional é um sinal de fracasso. Trazem de berço muitas crenças de que problemas particulares devem ser resolvidos em família. Ter esse tipo de crença já é um primeiro passo para cometer falhas graves, como não ler os filhos, não perceber os sinais que eles dão. Quando um adolescente começa a se automutilar, a tendência é haver agravamento dos sintomas com o tempo. As manifestações de protesto se tornam maiores. Uma criança que se sente negligenciada protesta em excesso, mas o adolescente muitas vezes protesta usando uma linguagem não verbal. Se cortar é um comportamento que diz para os pais: "Me ajude, cuide de mim, algo está acontecendo comigo".

O núcleo de referência de uma criança, de um adolescente, o seu mundo, é papai e mamãe, ou papai e papai, ou mamãe e mamãe, ou seja, quem está dentro de casa, a família dele. Seja lá quem for a família, não importa a relação sanguínea: é o lugar onde o adolescente se enuncia, se manifesta, o lugar onde ele se reconhece. É o seu mundo, onde as coisas vão acontecer. Adolescentes que têm a percepção de que vivem em um ambiente invalidante, que já têm um certo nível de abandono e negligência, tentam constantemente e mudam de estratégia para chamar a atenção dos pais.

Muitos adolescentes entendem que aquele seu núcleo familiar não pode dar mais do que já deu, porque existe uma doença ali também que impossibilita as pessoas de oferecerem mais do que já o fazem. Há pobreza emocional ali, e existem adolescentes que sabem quando não podem exigir uma riqueza emocional de quem não a tem. Quando entendem isso, acomoda-se algo dentro deles. Pensam: "Eles também são problemáticos, então como eu iria esperar que me dessem ouro se eles não têm nem cobre?".

O adolescente pode começar a se automutilar se perceber seu ambiente como não nutritivo emocionalmente, como não validante. Se existe um canal de confiança, de aceitação, é mais provável que um diálogo aconteça naturalmente. Mas a verdade é que isso não é algo muito comum. Se a situação chegou a um nível tal em que existe negligência não intencional, a ponto de a coisa evoluir assim, é porque aquele canal não é bom. Caso um filho não queira conversar com pai ou mãe, o ideal é dizer a ele que está tudo bem em procurar ajuda e que ele pode contar com os pais para isso, inclusive. Um pai não deve ter medo de dizer a um filho: "Vamos procurar ajuda". Ele vai se sentir acolhido e ver que o problema é de todos.

Vemos a criança e o adolescente com a perspectiva sistêmica, pois os filhos fazem parte do sistema familiar. Se estão acusando o golpe, existe alguma coisa no sistema familiar que está falhando. Por isso, é bom os pais reconhecerem isso e se colocarem à disposição do filho para resolver o problema como "nosso", e não como "dele".

Dicas para pais e responsáveis: quando o filho tem uma infecção urinária, quando está com dor de garganta, com problema gastrointestinal, a quem os pais buscam? Um pediatra, um gastroenterologista, um especialista. Se a criança está tendo crise epiléptica, os pais buscam um neurologista. Por isso, da mesma maneira que você às vezes pode ter um joelho que está doendo, quando há algum problema, doença ou transtorno mental, você ou seu/sua filho(a) também podem ter estados mentais e emocionais complicados, que podem levar à automutilação e que doem muito. É preciso entender que o "deixa que o papai ou a mamãe resolve" talvez não resolva. O que os pais precisam é ficar atentos aos sinais, pegar para si sua parcela de responsabilidade no problema e buscar um especialista, um terapeuta, um psicólogo, um psiquiatra. Tratar a questão de seu/sua filho(a) – ou de sua família – com toda a atenção que ela merece.

BULLYING

Bullying e adolescência tendem a andar de mãos dadas. Afinal, o adolescente tem uma certa tendência a atacar tudo o que é diferente da sua identidade. O bullying é uma conduta agressiva no nível físico, verbal e/ou psicológico contra pessoas que, geralmente, apresentam algum grau de fragilidade ou que destoam das estampas sociais predominantes. É uma manifestação da nefasta xenofobia, que nada mais é do que a repulsa ao diferente. O bullying expulsa, ejeta, ataca o que destoa do senso comum – e pode acontecer nas escolas, nos clubes, nas ruas ou, ainda, dentro das nossas próprias casas, por membros da nossa família. É perigoso porque destrói a autoestima, enfraquece relações e atenta contra a harmonia social, desune, desagrega, pune e gera traumas. Resumindo, bullying é a antítese do que chamamos de amor; ele é meramente dor.

Thalita também demorou muito para abordar o bullying mais profundamente nos seus livros. Sua personagem Tetê sofre bullying até dentro de casa. A família dela, com o pretexto de dar amor e proteger, acaba invalidando a adolescente com muitas cobranças. É um caso de bullying familiar. Pais e parentes não conseguem aceitá-la do jeito que ela é e querem enquadrá-la dentro de uma caixa, de um molde social, para que seja aceita. Esse é o princípio de todo bullying, na verdade.

Na época em que ela estava escrevendo, pediu ajuda nas redes sociais. Foram mais de cinco mil mensagens, às vezes de pessoas de quarenta, cinquenta anos, falando que até hoje sofrem com as cicatrizes deixadas pelo bullying sofrido na adolescência. Ela queria entender não só como um adolescente é capaz de fazer isso com outro, mas o quanto tem de influência da turma sobre quem pratica bullying.

O adolescente era uma criança até ontem. Mas do dia para a noite a sociedade passa a exigir dele a formação de um novo eu, supostamente maduro. Esta identidade vai se formar também por meio de conexões grupais. Por isso, tudo aquilo que destoa das características dos grupos com os quais o adolescente se identifica soa como algo que deve ser rejeitado. Às vezes, essa rejeição ocorre por vias bem tortas, comportamentos violentos que geram muito dano às vítimas.

Adolescentes formam grupinhos que tendem a competir entre si – e, que fique claro, competição não é bullying. O que acontece, em geral, é que grupos se formam em torno de um líder, um valentão que é o gatilho da coisa toda e que tem um perfil com sérios problemas de autoestima e intencionalidade de machucar os outros física ou emocionalmente.

O líder, em geral, é um sujeito com um componente de agressividade muito grande, mas em geral é o mais inseguro de todos, o que se defende atacando. Ele é uma pessoa agressiva, ameaçadora, por vezes carismática. Mas quando a gente conhece o valentão nota que ele é feito de cristal e tem inseguranças maiores do que as de todo mundo. Ele quer tentar formar uma identidade e nesse processo radicaliza, não consegue lidar com os paradoxos dentro dele.

A gente nunca fala de quem pratica o bullying. É difícil algum adolescente em consultório admitir estar sendo hostil e violento com outro. Primeiro, para que isso aconteça, é necessário que ocorra um elemento chamado "autoconsciência emocional", ou seja, que se tenha consciência do que se está sentindo. O agressor, normalmente, é o que podemos chamar de um analfabeto emocional. Por isso é difícil ele procurar terapia.

A verdade é que todo mundo já "zoou" com a cara de alguém em algum momento, mas às vezes nos damos conta e percebemos que passamos do limite, ou ouvimos alguém dizendo que é hora de parar. Quando isso acontece, o adolescente que exclui e ataca se autorregula. Mas no caso do líder agressor que tem uma ausência total de empatia, porque não tem a autoconsciência emocional, ele não lida bem com as emoções e não percebe a hora de parar. O problema acontece quando a agressão começa a gerar prazer no agressor, pois ocorre uma inversão brutal de emoções e valores sociais.

Os adolescentes que sofrem bullying nem sempre chegam ao terapeuta pelos pais. Um adolescente pode chegar ao consultório sem sequer saber que sofre bullying. Às vezes, a vítima se acomoda tanto ao sofrimento que não vê culpa no outro, acha que é culpa dela, seja pelo que não tem, seja pela sua falibilidade e incompletude. Tem muito adolescente que sofre com bullying e pensa: "Eu mereço ser excluído mesmo, eu mereço ser zoado". Muitos chegam com quadros diversos – depressão, estresse pós-trauma, ansiedade – e não se veem como vítimas. Só descobrem durante o processo terapêutico que o que os levou ao consultório é, na verdade, uma consequência do bullying.

Por vezes, os pais só ficam sabendo que o filho sofre bullying quando chega no estágio de "eu não aguento mais, não quero mais estudar nessa escola". E não só os pais podem não perceber: por vezes, a escola também não vê. Esse adolescente pode ter resiliência, pode segurar a onda. Se daqui a pouco ele começa a se responsabilizar pelo bullying que sofre, não vai reclamar disso em casa, porque acha que aquilo faz parte da vida, é normal.

Os pais podem estabelecer um canal de comunicação aberto e verdadeiro com o filho, desenvolvendo o que a gente chama de empatia autêntica, não protocolar. É preciso olhar no olho, não ficar no celular quando conversa com o filho, ouvir de verdade o que ele fala e, acima de tudo, ter tempo para dar continuidade à conversa. Se os filhos não se abrem para a conversa, os pais podem detectar seu sofrimento sendo atentos e buscando os sinais.

Declínio escolar, desmotivação, depressão, não querer ir mais para a escola e redução da socialização são alguns dos sinais de que o adolescente está passando por problemas. Cabe aos pais e aos educadores estar sempre com o radar ligado. Não adianta achar que é frescura ou drama de adolescente. "Isso vai passar, escola é assim mesmo. Todo mundo me zoava e olha eu aqui! Deixa de ser frouxo!"

Infelizmente, isso ainda acontece. Estamos no século XXI e de vez em quando, ainda vemos em consultório coisas do tipo: "Se chegar em casa e dizer que apanhou na rua, vai apanhar mais de mim". Ou: "Bate ou, se apanhou na rua, volta quieto pra casa". É incrível. Pais que não validam os filhos, que não protegem, que normalizam o bullying não contribuem para o desenvolvimento saudável deles.

Há até filhos que não contam por vergonha, ou que têm medo de os pais ridicularizarem a situação. E isso nunca poderia ser tratado como uma coisa normal, natural, porque não é natural, não é normal. Isso é uma violência. Hoje existe a lei do bullying, sancionada no Brasil. Bullying é responsabilidade da escola também. Há escolas, inclusive, que estão pagando terapia para vítimas de bullying. Os pais devem exigir da escola, e a escola deve, sim, tomar uma atitude. Por incrível que pareça, por mais que se fale de bullying, algumas escolas ainda fazem vista grossa com relação ao assunto. Tanto os pais quanto a escola precisam agir e se posicionar contra isso.

Há jovens que têm uma vergonha grande de se abrirem com os pais por medo de eles irem à escola defendê-lo e depois ele ser mais atacado ainda, chamado de "filhinho de papai". Mas vamos pensar sob a perspectiva das emoções. A vergonha vem do medo do julgamento, de ser discriminado, escrachado ou ainda mais violentado. Mas quando o adolescente tem pais extremamente conectados com ele, preocupados e que o aceitam como é, o adolescente fala com eles, sim.

Independentemente de um filho falar ou não com os pais sobre o que sofre na escola ou em qualquer outro ambiente, os pais têm que ser observadores. Observar a interação do filho com os amigos, como ele se posiciona, se consegue colocar limites nos outros ou se é sempre o bobinho, que faz tudo para todo mundo, de quem todo mundo abusa. É simples observar isso desde criança.

A passividade é inversamente proporcional à autoestima. Há dois extremos: agressividade e passividade. No meio do caminho há a assertividade, dizer o que penso e o que sinto de uma maneira adequada. Mas na agressividade não pode haver agressão física a terceiros e nem a autoagressão, automutilação. Isso é patológico, assim como calar.

O quanto uma pessoa é capaz de sofrer calada é uma medida individual, não padrão, independentemente de quanto tempo você consegue aguentar a dor. Mas sabemos que um dia a corda se rompe e o sofrimento transborda. A pessoa que sofre bullying em silêncio pode se deprimir, ter crises de ansiedade, se automutilar e, em casos mais graves, chegar ao suicídio. O sofrimento contínuo gera desesperança, o adolescente se sente um ponto fora da curva, invalidado pelos outros e incapaz de validar a si mesmo.

Não existem diferenças significativas entre quem faz mais bullying, se meninos ou meninas, porque as meninas são tão competitivas quanto os meninos e precisam afirmar tanto sua identidade quanto os meninos. Para ajudar os filhos, os pais devem se sentar no momento em que o adolescente não está naquele modo rebelde, intenso, ativado, e atuar empaticamente com interesse genuíno e sem julgamento moral para entender o cotidiano do filho. Eles precisam acessar o adolescente na hora em que ele está no seu modo mais adulto. Renato sempre diz para seu filho de dezesseis anos: "Se você estiver em uma roubada, se algum coisa ruim estiver acontecendo – e coisas ruins vão acontecer, fazem parte da vida –, você precisa buscar ajuda com quem efetivamente se preocupa com você". E sempre diz aos pais: "Seu filho adolescente vai se envolver em problemas, vai transgredir naturalmente. Isso é esperado. Tenha a porta aberta. Não a porta da crítica, e sim a da escuta e da validação".

Validação não é concordância, anuência ou aceitação pura e simples. Validar é um ato de empatia, que envolve entender a perspectiva do outro sem necessariamente concordar com ela. Quando validamos alguém, estamos aceitando a maneira ele se sente, com ouvidos abertos para o que o outro tem a dizer e o modo como pensa e age, mesmo que isso implique em uma discordância radical de opinião acerca do que foi relatado e feito. É considerar o outro em sua posição, aceitar que ele pode ter uma opinião e uma postura, e que o que ele pensa e sente é válido, tem valor. Quando o filho adolescente percebe que tem valor para os pais, mesmo que sua conduta seja problemática, ele se sente considerado – e isso é o mais importante para ele. Esse será o primeiro passo para que possa mudar.

Dicas para pais e responsáveis: fique atento aos sinais de bullying e mantenha uma escuta empática sempre. E exija da escola uma tomada de atitude quando detectar os mínimos indícios de que seu filho está sofrendo em decorrência de bullying. Entre em campo cobrando atitude da escola, exigindo direitos e proteção, pois isso é um dever da escola. O filho, por um lado, pode até ter vergonha, medo de que o pai possa piorar a situação para ele, como já falamos aqui, mas por outro lado ele vai ter um orgulho muito grande de saber que o pai e a mãe dele estão ali, virando leões para protegê-lo. O adolescente quer ser acolhido, quer saber que o pai está ali para ajudar em qualquer problema e para amenizar seu sofrimento.

CELULAR E REDES SOCIAIS

Se há uma coisa que adolescente não vive sem hoje, essa coisa se chama celular. A maioria não consegue ficar longe por mais de cinco minutos, usando o aparelho para tudo: jogar, estudar, ver vídeos e se comunicar com pais e com os amigos (por mensagem, que fique claro – ligar é coisa de velho, é o que muitos dizem, ai, ai...), principalmente pelas redes sociais. Como lidar com esse vício adolescente de ter o mundo literalmente na palma da mão? O que fazer para que seus filhos consigam interagir com você e com os demais presentes sem tela envolvida durante um almoço, um jantar ou uma festa? Há cura para o vício em celular? Sim, há. E não, nem tudo está perdido. Mais cedo ou mais tarde, eles vão entender a beleza do olho no olho.

O celular promove algo que o torna uma isca fácil para o adolescente: se comunicar tendo acesso imediato à pessoa com quem ele deseja falar, consultar questões diversas que envolvem assuntos de interesse pessoal, como sexo, viagens, até a consulta de conteúdo escolar. Além disso, promove a possibilidade de espiar, ou seja, "fuxicar" a vida alheia, de se expor nas redes sociais da maneira mais editada possível, controlando o que pode e deve ser visto sobre ele e se protegendo de exposições "presenciais" sem filtro e sem edições.

Pelas redes sociais ou pelos aplicativos, é possível saber se alguém o interessa ou está interessado no adolescente sem ter que olhar no olho, e fica mais fácil o *match*. Inclusive uma possível recusa, que poderia gerar um "climão" caso acontecesse presencialmente, quando acontece no virtual ganha um certo distanciamento. Ou seja, pode ocorrer de modo relativamente mais "seguro", emocionalmente falando.

Agora, vamos pensar juntos: se no tempo em que os pais foram adolescentes houvesse essa ferramenta tão poderosa e versátil, ela não seria viciante? Não precisamos ir longe. Sabemos que os pais já estão tão – ou mais – viciados do que os filhos.

A maioria dos pais de hoje passou a adolescência, ou pelo menos a infância, em uma época em que não havia computador ou celular. Ficávamos sabendo da vida dos outros por conversas presenciais ou no máximo pelo telefone. Inferíamos que havia algo de muito bom acontecendo e para o qual não tínhamos sido convidados somente dessas duas maneiras. Não sofríamos muito com o FOMO (*fear of missing out*, o medo de perder os acontecimentos ou as informações).

"Está acontecendo alguma coisa que eu não sei o que é, e eu não estou lá?" O adolescente, ao perceber que há uma festa para a qual não foi chamado, logo presume que alguma coisa está errada com ele. "Como não estou nesse mundo? Nos eventos que fazem o mundo girar e acontecer?", é o que ele se pergunta. Os adolescentes são muito ligados aos indivíduos considerados "populares" nas escolas. O que os populares têm? Têm as insígnias de pertencimento social, a representatividade social do momento. São os que sabem o que está acontecendo e se vestem de modo mais "adequado" para fazer parte do grupo, ditando as regras do pertencimento. E aí vão se formando essas tribos de adolescentes, pelas identificações. Com qual tribo você vai se identificar e qual é o nível de pertencimento que você tem a essa tribo dirá muito sobre você nessa fase.

Viemos de um tempo em que se olhava mais no olho, por mais clichê que seja dizer isso. Hoje, vemos um bando de adolescentes juntos, mas eles não estão jogando bola: cada um está no seu celular, no seu universo particular, interagindo com os outros ou jogando jogos. Esse é um problema que a Organização Mundial da Saúde considera epidêmico: a dependência de eletrônicos, das telas.

É inevitável um pai pensar que o filho devia estar gastando energia, em contato com a natureza ou conversando presencialmente com amigos em vez de passar horas vendo vídeos em uma tela, de pescoço torto vidrado no celular.

Essa ferramenta afeta o nível de desenvolvimento de habilidades socioemocionais desses adolescentes. Onde aprendemos essas habilidades? Na rua, vivendo, interagindo, internalizando conceitos, regras. O celular fragiliza a saúde mental do adolescente justamente por ser uma interação que, dentro da biologia do comportamento, não é considerada uma interação social.

A interação social é isso: é olho no olho, é perceber o nível de vocalização do outro. Os adolescentes digitam e teclam muito, mas falam pouco. Um dia, Renato disse: "Preciso ligar para o Rodolfo", e o filho dele rebateu: "Ligar é coisa de velho". Bem, é verdade: as novas gerações, as pessoas com menos de trinta anos, preferem mandar mensagens em vez de telefonar e conversar. Elas teclam, principalmente os adolescentes. E cada faixa etária abrevia palavras de um modo próprio, a ponto de criar uma linguagem nova, usando termos que os mais velhos não entendem.

Mas a linguagem escrita é uma linguagem fria, que não favorece o desenvolvimento do entendimento do que o outro está querendo dizer, enfraquecendo as interações e habilidades sociais. Os adolescentes estão em risco de perder as habilidades socioemocionais, a ponto de as escolas estarem preocupadas em oferecer programas que supram a falta dessas habilidades, que visem a instigar o desenvolvimento da empatia e do consequente interesse pelo outro e por atividades ao ar livre.

Nossos adolescentes estão carentes de convívio com gente, de interações que promovam vínculos fortes, que liberem ocitocina (o hormônio da socialização). O adolescente deveria estar na rua, mas aí entram o celular e as outras telas, que criam uma linguagem por meio da qual você não escuta praticamente mais a voz das pessoas e que faz você se esconder de trás de uma tela brilhosa. O celular dá acesso a mundos a que você não iria, a festas que você não frequentaria – e isso, na adolescência, é algo muito preocupante.

No momento em que o mundo inteiro está se voltando para essa questão, a ponto de Bill Gates delimitar a hora de acesso dos filhos aos eletrônicos, é porque isso se faz urgente. Por azar, no momento em que o mundo está tentando fazer um certo desmame de tecnologias eletrônicas, que causam dependência, veio uma pandemia. Fomos desautorizados daquilo que nós, pais e terapeutas, vínhamos fazendo: colocar limite na interação com a tela. Nos anos de pandemia, os adolescentes interagiram muito pela tela, o tempo inteiro, e o efeito disso para a saúde mental ainda é incalculável.

O celular também dá acesso ao consumo. É possível facilmente comprar por esse aparelho. E o estímulo ao consumo agrega muitas complicações. Os pais de todas as classes sociais se sacrificam ao extremo para dar tudo o que podem aos filhos, como se os bens materiais significassem mais afeto ou mais condições. Mas é o oposto: é o convívio sem consumo que propicia afeto.

Com a intermediação do celular, perdemos aquilo que se chama de democracia do afeto, do convívio com diversas realidades sociais. Com a restrição das atividades ao ar livre, aumentou a relação dos jovens com o celular, e a intermediação das telas fez com que os jovens criassem vínculos de uma forma diferente. Não é a democracia do afeto que impera, mas a tirania do consumo. É o adolescente sendo bombardeado por marcas para poder formar uma identidade a partir do que ele usa, e não do que ele é.

O celular e as redes sociais fazem parte da vida cotidiana, e cada vez mais estão inseridos no dia a dia das famílias. Embora os aparelhos tirem o adolescente do momento presente, são muito eficazes na comunicação rápida, o que deixa os pais mais seguros por saberem que os filhos estão ao alcance de suas mãos. No entanto, precisamos dosar seu uso para que não passe a ser mais um elemento que adoece os nossos filhos – e para isso os pais devem ser o maior exemplo.

Dicas para pais e responsáveis: observem o tempo gasto pelo adolescente não apenas no celular, mas em todas as tecnologias digitais. Não é recomendável mais do que duas horas diárias gastas em entretenimento eletrônico: mais do que isso pode ser um sinal claro de dependência – ou de estar no caminho dela. Observe o repertório linguístico de seu filho, se ele é pobre ao ponto de gerar dificuldades de compreensão e se fazer entender. Observe se seu filho fica agitado, inquieto quando longe do celular, a ponto de não relaxar numa conversa com familiares ou amigos, ou não manter a atenção em um filme ou uma série de televisão. Promova atividades culturais, esportivas ou de lazer em família ou entre a turma de adolescentes, que não envolva tecnologias. Acima de tudo, dê exemplo. Não adianta os pais estarem grudados no telefone o tempo todo e solicitarem que os filhos tenham uma conduta diferente. Lembre-se: pais são modelos.

COMPETITIVIDADE

Sendo a mais social das espécies, seres humanos não se distinguem pela sua biologia, porque nem todo mundo é igual. Seres humanos são seres humanos. Têm 23 pares de cromossomos, assim são, mas competem por tudo, porque essa é a base da evolução. E nunca vão deixar de ser competitivos, porque têm dentro de si aquele primata ancestral. Por isso, adolescentes também competem. Em jogos, em atenção dos pais, em sexualidade, em status, em tudo. Quanto menos identidade formada eles têm, mais competitivos tendem a ser.

O que a educação, a civilização e a cultura fazem com o ser humano é adequar seus impulsos às normas sociais para abrandar sua competitividade. O adolescente é imediatista, é egoísta, é egocêntrico. Egoísta porque quer tudo para ele; egocêntrico porque acha que o mundo gira em torno dele. A necessidade dele é a mais importante naquele momento, a dor dele é a maior do mundo.

Às vezes estamos resolvendo um problema muito sério dentro de casa, mas o filho está importunando para o pai levá-lo à casa de um amigo. A gente diz: "Que parte você não entendeu de que estamos aqui em um assunto supersério?". "Eu sei, mas é que o meu amigo está me esperando." "Vai fazer diferença esperar dez, quinze minutos?" Para ele, vai, porque aquilo é a coisa mais importante da vida dele naquele momento.

A competitividade permite a diferenciação social perante a formação do *self*. E ainda bem que a gente tem essa competitividade: a questão é que ela seja saudável, empática, e não envolva promover o mal ou a destruição do outro.

A competitividade é boa, saudável e forma nichos da nossa identidade, como se fossem peças de um quebra-cabeças da nossa identidade, nos dando a sensação de pertencimento. Qual é o meu lugar? Eu posso ser um adolescente esquisito e fazer aula de dança, e me sentir superbem e dançar muito bem. Eu posso jogar vôlei muito bem, posso tocar violão muito bem. Alguma coisa a gente busca para formar uma identidade, e nessa busca há alguma forma de competitividade. Isso é normal.

"Minha melhor amiga tem tal celular, minha mãe ganha o mesmo salário que a mãe dela. Como assim a minha mãe não pode me dar esse celular?" Quando o adolescente atribui valores externos a ele como importantes – o que o outro tem e ele não – essa competitividade extrapola e vai para o nível, às vezes, do comportamento autodestrutivo ou da necessidade de diminuir o outro. Sobre isso, precisamos estar sempre muito atentos. A competitividade possui dois polos, o que nos impele a crescer e o que nos afasta da empatia e de uma socialização saudável.

Dicas para pais e responsáveis: a competitividade fica nociva quando uma falta de regras compromete a empatia, a ponto de a pessoa achar que a sua prioridade e as suas questões, assim como os seus desejos, são mais importantes. Estejam atentos a isso. Verifiquem a maneira como seus filhos interagem e se as suas maneiras de interagir não estão gerando prejuízos pessoais, familiares e sociais.

COSPLAY E FANTASIAS

Cosplay é a abreviação de costume play *ou* costume role play, *que é a interpretação de um personagem a caráter. Essa prática abrange a arte de se vestir, de se maquiar e de interpretar um personagem da forma mais fidedigna possível. De usar uma fantasia e vivê-la. Isso significa que não basta apenas estar caracterizado como o personagem em questão, é necessário que o intérprete se "torne" o personagem. Cosplay está muito associado aos personagens de livros de histórias, de fantasia, de mangás, animes, HQs ou personagens de cinema e jogos eletrônicos.*

Antes de qualquer discussão, é preciso fazer uma distinção aqui. Existe o cosplay convencional, normal, "do bem", que é uma brincadeira, uma coisa natural, de fã, de tribos, uma coisa genuína, de adultos ou adolescentes que gostam de se identificar com algum grupo e de se vestir e se fantasiar como tal. Há adolescentes que usam uniformes associados ao seu time, ao seu clube ou ao esporte de que gostam. Há adolescentes que se identificam com determinadas bandas, que se vestem como os integrantes de um grupo ou movimento, musical ou cultural. E há os cosplayers, que gostam de determinado personagem. É uma tentativa de construção da identidade.

Mas existe um outro tipo de cosplay que não está ligado à construção da identidade, à brincadeira, a um hobby, e sim à substituição de identidade. E isso já não é tão normal assim, porque ultrapassa uma linha saudável e passa para um problema clínico, patológico, que necessita de cuidados e terapia. Excede a fantasia e vai para outro campo. Geralmente, casos assim têm algo a ver com depressão, transtorno de identidade, transtorno borderline e outros problemas. E a prática do cosplay, nesses casos específicos, é quase como um sintoma, uma manifestação da patologia.

Queremos ter muito cuidado para distinguir uma coisa da outra.

Um dia, Renato fez um atendimento de um pai e de uma mãe que falaram que a filha só se sentia à vontade quando estava escondida atrás de uma fantasia, de um cosplay. Por já conhecer essa cultura, ele começou a fazer perguntas relacionadas a depressão, transtorno alimentar, automutilação e comportamento suicida. E encontrou tudo isso associado ao caso dessa menina.

Ela não conseguia se achar uma pessoa boa, aceitável, alguém validada pela sociedade e por sua própria família. E se escondia atrás dos personagens que admirava muito. Esse aspecto clínico, detectado na terapia como problema de comportamento, de inserção, de conexão social, estava claro porque a filha do casal não conseguia se conectar socialmente. Foi tratada e posteriormente melhorou.

Thalita também entrou em contato com um caso semelhante no começo de sua carreira. Uma jovem de dezoito ou dezenove anos chegou a uma Bienal do Livro no estande da Editora Rocco, que publica seus livros e também os do Harry Potter, vestida como esse personagem. Ela estava idêntica, fazendo cosplay do garoto bruxo, só que tinha tatuado um raio na testa. E não era uma pintura.

Era tatuagem mesmo, feita uns dias antes. Ela dizia que *era* o Harry Potter, e não saiu do estande o dia todo.

Em que momento um pai ou uma mãe conseguem perceber que seu filho cosplayer cruza a linha de uma brincadeira saudável para uma manifestação patológica? Quando não há uma identidade formada que consiga fazer a diferenciação entre o personagem e seu filho. Se seu filho começa a ter atributos do personagem, se começa a se comportar como se fosse o personagem, é melhor prestar muita atenção.

Uma tribo de esportes se esmera treinando muito, assiste a jogos de futebol na TV quando está de folga, se veste como jogador de futebol – e não há problema nisso. O problema é, por exemplo, a menina que chega dizendo que é o Harry Potter – e a tatuagem que expressa isso. Esse comportamento é facilmente verificável pelos pais. Quem é meu filho? Daqui a pouco, ela só gosta de coisas do Harry Potter, vive como Harry Potter 24 horas por dia e você não consegue mais fazer a distinção entre quem é a Paula, a Maria, o João, o Pedro, e quem é aquele personagem.

Você identifica dentro da sua casa o personagem, e não seu filho. A coisa é tão mais grave que, inclusive, pode envolver alguns elementos psicóticos associados a aspectos de esquizofrenia na adolescência. Vem a substituição da sua identidade por outra. A tendência disso é ser transitório. Essa menina não vai ser Harry Potter para sempre. Daqui a pouco ela vai ter outro personagem que vai chamar a atenção dela. Mas quem é ela nesse meio?

Seu filho deve ter atributos, características pessoais dele mesmo. Embora nossos adolescentes modelem o comportamento dos seus ídolos, eles falam e se vestem como são, têm ideia própria, pensam, vão à escola, assumem e cumprem funções sociais, conseguem responder a demandas sociais e inserções sociais como filho, e não como Harry Potter.

Voltando à coisa da tribo: se um adolescente "deprê" se identifica com uma tribo de cosplay deprê e os pais ficam aliviados, "ela vivia deprê e agora achou a turma dela", talvez possa haver um perigo aí. Os emos eram uma tribo que cultuava a depressão. Nos anos 1980, havia os darks. Eles também tinham uma "pegada cool entediada". O tédio era um pouco da marca dark, e depois veio o movimento emo. Possivelmente antes tenha havido alguma outra coisa de que a gente não se lembra. Mas, atualmente, a cultura do cosplay é aquilo que os darks foram, de uma maneira mais leve.

Quando alguém está imitando um personagem, como no cosplay, fica mais difícil de identificar se é uma manifestação saudável ou patológica. É apenas um papel desempenhado ou uma imitação proposital de características mais sombrias? Qualquer personagem pode ser representado, dos mais alegres e solares aos mais depressivos, melancólicos, e é fácil representar aqueles que cultuam a depressão e até o suicídio. Tudo disfarçado de "personagem".

Renato já acompanhou grupos de adolescentes em consultório. Ele é muito observador de comportamento adolescente, porque trabalha com isso e chama muito a atenção dele. Se está em um lugar público e há um grupo de adolescentes, parece que é como uma TV ligada: os olhos dele se direcionam para aquilo. Naturalmente, ele tenta identificar quais são os traços daquele pessoal. Se são funkeiros, metaleiros, roqueiros etc. Ao observar isso, vê meninas que às vezes forçam o choro, a própria maquiagem é mais escura, mais pesada, soturna.

Por incrível que pareça, isso dá um sentido, um reconhecimento, é um abraço aberto, uma acolhida, um colo. Quantas vezes falavam nos anos 1980: "Dê um abraço no seu filho, senão o traficante o fará". Parece uma coisa meio banal, um slogan desses que se usava na época, mas faz sentido. As pessoas estão buscando a validação, o reconhecimento.

Se você está pensando coisas esquisitas, vivendo momentos de conflito e não está conseguindo compartilhar esse momento, não se sente validado, escutado por sua família para falar da sua crise, alguma tribo poderá abraçar você. Com a internet, isso virou a coisa mais fácil do mundo. Com toda certeza, vai achar gente que vai validar você por lá.

Dicas para pais e responsáveis: os adolescentes são potenciais sofredores, se vitimizam com alguma frequência, são dramáticos, chorosos, mas isso faz parte da natureza desta fase da vida. Em contrapartida, no momento seguinte eles são alegres, divertidos e barulhentos, quase como se estivéssemos falando de uma "bipolaridade" natural. Aqui reside a questão principal: você precisa ver o humor do seu filho oscilar, uma hora raivoso e agressivo, na outra carinhoso e afetivo. Quando o observamos estacionado em um polo apenas, o sinal de alerta soa. Quando observar seu filho em estados mais melancólicos, monitore o que ele está "consumindo" culturalmente, com quem ele anda se relacionando, quais as suas referências, seus ídolos e a atitude dos modelos que seu filho está seguindo. Isso pode dizer muito acerca dele, do que sente e do que pensa. Busque a aproximação através de um diálogo com direcionamento empático autêntico e com baixo nível de juízo crítico. Se necessário, aconselhe-se com um profissional de saúde mental, da mesma maneira que você busca aconselhamento médico quando percebe algum sintoma físico no seu filho. Se você perceber que seu filho está achando de verdade que é um personagem de cosplay e não apenas se divertindo, brincando de ser ele, a luz vermelha de alerta precisa se acender. A brincadeira tem que ter ludicidade, tem que ter prazer, mas tem que terminar. Você tem que reconhecer o seu filho por trás daquela roupa, daquela fantasia. Se isso não acontecer, olhe com mais atenção, porque a linha entre o cosplay saudável e o cosplay patológico pode ter sido ultrapassada.

CRISE

No dicionário, são várias as definições de crise: ausência ou deficiência de algo, carência, escassez, falta; estado emocional de súbito desequilíbrio em que os sintomas de um sofrimento ou angústia mental se manifestam com maior intensidade; conflito, tensão, transtorno; estado em que a dúvida, a incerteza e o declínio se sobrepõem. Crise é transição, é transformação, é o indício de que algo que outrora funcionava agora não funciona mais.

Crise é uma ponte, uma passagem, um abandono de um ponto de referência falido para uma nova construção, um novo ponto. Botando tudo no mesmo balaio e levando em conta que o adolescente típico está sempre reclamando da *falta* de alguma coisa, vive vários momentos de *angústia* pelos mais variados motivos e está constantemente em *conflito*, mergulhado em *dúvidas* e *incertezas*, podemos dizer que crise e adolescentes são praticamente sinônimos.

Mas como lidar com ela? Como identificar uma crise? O que é um adolescente em crise? Como Renato costuma dizer, adolescente e crise são sinônimos, portanto, estar na adolescência é estar passando por um processo crítico. As coisas não são mais como eram outrora, e é preciso criar novas referências e valores para nos adaptarmos a esta nova condição de inconstância e mudanças corporais. Em maior ou menor escala, a adolescência promove ambivalência, conflitos, incertezas e desregulação emocional.

Nesta lógica, o adolescente é um ser em crise, mas uma crise esperada, já estudada pela ciência e com um curso relativamente previsível. Para além disso temos que estar atentos a crises mais agudas e perigosas, que podem surgir neste período da vida justamente pela vulnerabilidade intrínseca a esta fase. Ou seja, estejamos atentos a crises extras dentro da crise natural, algo como a crise na crise. Para isso, devemos ter atenção e empatia com nosso adolescente para que sejamos capazes de ler os sinais de que algo está exagerado e fora do que pode ser considerado normal. Pontos de vulnerabilidade crítica na adolescência envolvem transtornos alimentares como a bulimia ou a anorexia, uso de drogas, agressividade, transgressão, depressão, automutilação, suicídio, ansiedade, isolamento social e baixo rendimento escolar, para citarmos os principais.

Thalita: Nas minhas tardes de autógrafo, os pais sempre me fazem perguntas que me levam a duvidar se quem está em crise são eles ou os filhos. Desesperados, eles chegam pertinho e dizem: "Quando essa fase acaba?", "Por que ele não fala direito comigo?", "Por que ele é tão agressivo de vez em quando e um lorde em outros momentos?", "Por que ele só vive no quarto, no escuro?", "Por que ele descoloriu o cabelo e ficou medonho desse jeito?". Não deveria ser bem mais fácil lidar com um adolescente em crise se os pais, como diz Renato, revisitassem seus passados e tivessem mais empatia com os filhos?

São todos que estão em crise, pais e adolescentes. Se pensarmos que o conceito de crise envolve transição, os pais estão em desassossego porque a criança se foi e surgiu um ser diferente ali, que vem sem manual de instruções e de quem devemos aprender a dar conta de qualquer maneira.

Ser pai de criança é uma coisa, ser pai de adolescente é outra. Além disso, a adolescência instiga o confronto de gerações. Se você parar para pensar, o rock'n'roll agredia os pais, a calça jeans era inaceitável, usar tênis era vulgar: adolescer sempre envolve uma forma de contestação ao status quo vigente que, no final, acaba transformando a sociedade de alguma maneira. O que o adolescente faz? Desconstrói e questiona os conceitos familiares e sociais para depois fazer uma síntese e ter uma identidade própria, que preserva grande parte do que ele questionou, mas acrescenta o seu toque pessoal no modo de ver e interagir com o mundo. Quando digo que os pais devem revisitar as suas adolescências, isso diz respeito a não levarem a ponta de faca ou como sinal de desamor as contestações adolescentes – afinal, eles agiram da mesma maneira e isso passou. Quando os pais são empáticos, amorosos e tolerantes, fica tudo mais fácil. "Ah, mas ser tolerante não é fácil!" Paternidade e maternidade exigem tolerância constante, por isso filhos devem ser uma escolha muito bem pensada.

Ser adulto é estar envolvido com tantas demandas e responsabilidades que é fácil nos afastarmos de nosso passado, infância e adolescência. Conviver com crianças e adolescentes exige que acionemos uma boa dose de ludicidade, de humor, de sonhos e fantasias. O mundo onírico tem que se fazer presente. Quando temos crianças em casa, brincar com elas faz muito bem para a formação e fortalecimento de vínculos; quando temos adolescentes, o mundo imaginativo e do faz de conta também não deveria se perder.

Adolescentes vivem sonhos fugazes. E que mal tem em embarcarmos neles como entramos em uma brincadeira de faz de conta com uma criança? Você sabe que aquilo que seu adolescente almeja é, muitas vezes, uma "viagem", como eles dizem. Porém, em pouco tempo isso mudará. Então, não jogue um balde de água fria em seus sonhos, assim como você não diz para uma criança de quatro anos que "Papai Noel não existe, isso é uma palhaçada que os adultos inventaram para vender brinquedos". Sonhe junto com ele. Os pais de crianças sabem que faz bem brincar com os filhos, mas os pais de adolescentes, em sua imensa maioria, não sabem que o mundo do faz de conta também deve ser vivenciado na adolescência.

Quando o adolescente está em crise, ele está, na verdade, buscando sua identidade fora do núcleo familiar. Então ele desestabiliza as verdades parentais, e isso é muito forte para os pais. Além disso, quando ele revela seus sonhos para o pai e para a mãe, muitas vezes recebe de volta uma dose de realidade que é indesejável e até invalidante. Não estamos dizendo que os pais devem embarcar ou apoiar ideias malucas, mas navegar em alguns sonhos junto com seus filhos, por mais distantes que eles possam parecer, é bem gostoso e saudável para todos. Pais: revisitem suas adolescências e tudo tenderá a ficar mais leve. Recordem-se de que muitas de suas condutas opositivas não tinham nada a ver com desamor para com seus pais.

Pais, às vezes vocês não tinham vergonha do seu pai e da sua mãe quando eles iam buscar vocês no colégio, quando vocês próprios eram adolescentes? A pergunta que escutamos muito e que principalmente o Renato ouve das mães no consultório é: "Para tudo o que eu falo, ele revira o olho". Há um embate ali com os pais, quando o filho quer ensiná-los. Mas por que isso incomoda tanto a mãe e o pai se eles, provavelmente, fizeram o mesmo ou até pior na mesma idade? Por isso, destacamos a importância de os pais revisitarem suas adolescências. Fica mais fácil sermos compreensivos e até condescendentes.

Mas, vejam bem, revisitar a adolescência não significa agir como um adolescente. Alguns pais discutem de igual para igual com os filhos. Uma antiga paciente do Renato, agora com os filhos crescidos, sempre teve problemas com o mais velho dela. Quando ele tinha quinze anos, Renato disse a ela: "Você deve sair da condição de igual. Você tem que assumir o papel de mãe, e não pode ter uma DR com seu filho adolescente". O que aconteceu? Ela foi levar o filho para um compromisso, mas precisava passar no supermercado antes. Quando voltou para o carro, o filho, irritado, disse: "Por que você demorou tanto?". A mãe, então, respondeu: "Eu precisava fazer compras para a casa. Você gostaria de ficar sem comida?". Ele retrucou: "Eu vou me atrasar". Ela: "Problema seu, porque eu não vou ficar sem comida". Ele disse: "Sua egoísta". Então ela meteu a mão na cara do filho. O que nós temos aí? Uma mãe agindo como uma adolescente impulsiva. Há, nesse caso, dois adolescentes. A mãe, nessa hora, se conecta com a adolescente furiosa que há nela para enfrentar o filho. E isso é muito mais comum do que possa parecer.

Revisitar a adolescência vale como um exercício para buscar empatia com seu filho, e não para regredir no tempo e agir como se fosse um igual. Provavelmente devem ter questões dessa mãe, da história dela, da sua adolescência, de busca de autoridade, de competitividade, que ela está trazendo para a relação com o filho. Provavelmente ela não é uma pessoa tão bem resolvida nesse quesito e, por mais incrível que possa parecer, os adolescentes sabem muito bem onde fica o calcanhar de aquiles dos pais. Um ambiente estável ajuda a organizar o adolescente. A violência física desestabiliza tudo e tende a agravar a instabilidade do filho.

Com relação a ser amigo de filho, isso é um canto da sereia – e Renato sempre chama a atenção dos pais para isso. Já ouviu muito no consultório e até de pessoas próximas frases como: "Minha filha é a minha melhor amiga, ela conta tudo pra mim". A verdade é que ninguém conta tudo para ninguém. Isso é uma grande falácia, e tratar filho como amigo é perigoso. É muito fácil cruzar uma linha tênue, e de repente estamos em uma conversa de botequim, contando intimidades com as quais eles não têm estrutura para lidar. Da mesma maneira como um filho não chega no churrasco de domingo dizendo: "Ontem peguei uma gata, levei para a cama e fiz isso e aquilo", os pais têm que preservar a sua privacidade. Não devemos confundir vida privada com parentalidade. A parentalidade tem que estar em campo separado. Não é possível entrar em um nível de intimidade e achar de fato que "meu filho é meu amigo e conta tudo para mim". Você é pai ou mãe, e não o melhor amigo ou amiga.

Sempre falamos aos pais: cuidado com as verdades absolutas, pois elas são fontes de conflitos graves. Vamos a um exemplo: adolescentes, às vezes, quando começam a experimentar maconha ou alguma outra droga, podem fazer apologia ao uso de drogas mundo afora e na mesa de jantar. Aí você contesta a "verdade" do seu filho, mostrando artigos científicos na internet que revelam o efeito do uso abusivo de maconha na adolescência e o quanto fumar maconha pode desencadear várias doenças mentais. Pronto: você trouxe a sua verdade, aquela que a imensa maioria das pessoas esclarecidas assinariam embaixo. Já seu filho "PhD de botequim" não estava ligando para aquilo, porque o amigo dele disse que a maconha faz bem e que o Bob Marley já tinha escrito muitas músicas falando da maconha e da paz mundial. Essa é a verdade absoluta para ele naquele momento. Você concorda com isso? Não. Mas e agora?

Você pode levantar a voz, chamar ele de ignorante, ter vontade de pegar a cabeça dele e bater na parede, mas nada disso acabaria bem, sejamos coerentes. Essa é a hora em que a gente diz: "Ok, eu penso muito diferente disso e a gente não vai falar mais nesse assunto por enquanto". Saia da arena e evite o embate. Não há força no mundo que vá dissuadir seu filho adolescente da verdade que ele acabou de criar. O adolescente nos convida a entrar no ringue o tempo inteiro, no sentido figurado, claro. Faça o contrário e saia de cena. Mantenha seus princípios. Sabe o que vale para os pais? O que eles fazem, e não o que eles dizem. Mantenha a sua coerência e a sua regulação emocional. Sua constância ajudará seu filho a se organizar internamente, e o que era o óbvio ululante hoje para ele amanhã poderá se desmanchar no ar.

Quer que seu filho cumpra as regras sociais? Mostre a ele como se faz. Pare no sinal de trânsito, respeite os outros, não conduza seu carro se tiver ingerido bebida alcóolica. Isso vale mais do que mil discursos sobre o assunto. De nada adianta dizer "filho, não dirija se você beber, não ande em alta velocidade" se quando você sai para jantar bebe seu vinho e depois dirige até em casa, se anda na estrada abusando da velocidade e desrespeitando limites impostos pelas leis. Exemplo é tudo: o velho ditado "faça o que eu digo, não faça o que eu faço" definitivamente não funciona com adolescentes.

Quando o adolescente passa por uma crise existencial a ponto de se automutilar, ter ideação ou tentativa de suicídio, o desespero dos pais é ver o filho na iminência de se matar. Outra crise bem pesada de os pais vivenciarem é a da adicção, do vício, quando o filho se torna um dependente químico. Em ambos os casos temos que lidar com um comportamento autodestrutivo dos seres que mais amamos na vida. Quando se chega nesse nível, os pais devem buscar imediatamente ajuda, e a agilidade salva vidas nesses casos.

Esse tipo de crise impõe um nível brutal de sofrimento para toda a extensão familiar. Especificamente no caso da dependência química, podemos chegar ao ponto de ver nosso filho roubando, agredindo fisicamente as pessoas, inclusive os familiares, podendo até ser preso. E, se há ideação suicida, ter de sepultar um filho é o pior sofrimento que pode existir.

Dicas para pais e responsáveis: sendo a crise inerente a esta fase da vida, procure lembrar da sua adolescência, dos momentos em que sentiu necessidade de ser compreendido, em que foi amparado e dos instantes em que o aconchego não veio. Lembre-se do significado destes momentos para você. Procure com isso ser empático e validar o seu filho. Tenha em mente que validar não é concordar, mas entender a perspectiva do outro. Tenha a mente aberta para as verdades fugazes de seu filho: a maioria delas será dissipada pelo tempo, e a oposição drástica a elas não os afasta das suas verdades. Permita-se ludicidade e embarcar em sonhos, mesmo que distantes do mundo real; são momentos importantes, exercícios de um cérebro que está em construção e ainda não encontrou plenamente seus pontos referenciais. Esteja atento aos sinais: sendo o adolescente um ser em crise, precisamos discernir o que é a normalidade e o que está exagerado em seu comportamento. Fique atento à capacidade de socialização, de acatar limites, de agressividade, de desesperança e depressão, de automutilação, de comportamentos ou ideações suicidas, de compulsões – sejam elas eletrônicas, sexuais, alimentares ou de álcool e outras substâncias. Preste atenção ao sono de seu filho: adolescente dorme bastante, mas não pode dormir o dia inteiro ou o oposto, dormir muito pouco. Promova interações familiares, programas esportivos e culturais. Distribua afeto que a tendência será o efeito bumerangue: nos momentos importantes, o afeto retorna para você. Crie seu filho para o mundo sem culpá-lo por querer voar: a chantagem emocional distancia e agrava crises. Tenha em mente que, mesmo fazendo tudo certo (e nunca fazemos tudo certo), muita coisa pode dar errado. Ter filhos é uma escolha que envolve lidar com as adversidades em tempo real. O melhor de tudo é saber que você não está sozinho: em cada casa onde vive um adolescente há alguém com as mesmas inquietudes que você.

DEPRESSÃO

A depressão é uma patologia grave que afeta uma parcela muito significativa da população mundial, sendo considerada pela Organização Mundial da Saúde como a segunda doença que mais acomete as pessoas no mundo atualmente, com a projeção de que na próxima década seja a primeira. Sua principal característica é a anedonia, ou seja, a perda generalizada do prazer e da motivação. Tudo perde a graça, ficando cinzento e sem sabor. Os desempenhos acadêmico e profissional ficam prejudicados, afetando severamente a autonomia da pessoa e sua capacidade de autogestão. Em casos mais agudos, a desesperança toma conta do indivíduo, a ponto de surgirem ideias ou mesmo tentativas de suicídio. Os custos pessoais e sociais dessa patologia são imensos, pela redução da proatividade e necessidade de cuidados e tratamentos de saúde. Para o adolescente, que está em uma fase da vida em que o cérebro ainda está em formação, com janelas de desenvolvimento abertas para o aprimoramento social, a depressão é mais prejudicial ainda justamente pelo isolamento social que ela gera e pelo empobrecimento das suas habilidades socioemocionais, tão importantes para essa etapa da vida.

Para princípio de conversa, temos que fazer uma distinção entre a dramaticidade e a tristeza inerentes ao adolescente e um quadro depressivo. Depressão é uma patologia;

a tristeza profunda e a dramaticidade são pontuais na adolescência. Se o adolescente for predominantemente triste, sem prazer com nada, sem "brilho", sem interesse social, aí sim podemos estar diante de um quadro depressivo. Temos de lembrar sempre que o adolescente é um ser que está amadurecendo; portanto, seu processamento emocional ainda está em fase de evolução. Assim, é esperado um certo nível de oscilação das emoções a pontos mais extremos. Agora, veja a grande contradição: esses extremos são considerados normais e esperados nessa fase da vida. A sociedade taxa a infância de fase delicada da vida, mas esquece que a adolescência é tão delicada quanto, e isso precisa ficar bastante claro. O adolescente é um ser muito vulnerável e, como tal, ele se beneficia de ambientes estáveis e acolhedores – e os pais precisam saber disso.

Dramaticidade é uma expressão mais intensa de qualquer emoção, seja ela qual for. Podemos ser dramáticos até demonstrando alegria, e isso é típico nessa fase da vida. As emoções adolescentes oscilam até que chegue à maturidade, abrandando tudo. Já a depressão é marcada pela perda de prazer, desesperança, predominância de pensamentos negativos e diminuição e afastamento das interações sociais. Sempre oriento os pais a estarem atentos aos sinais que os filhos emitem; no caso de depressão, são esses os sinalizadores.

Se os pais identificam esses sinais, bato sempre na mesma tecla: a informação educa, e a ciência também educa à medida que avança em termos de conhecimento. Houve um tempo em que acreditávamos que a punição física era educativa, ela ocorria até nas escolas como uma forma de processo pedagógico. Hoje sabemos que bater não educa, pelo contrário, ensina a bater. No passado, sinais de depressão eram emitidos pelos filhos assim como continuam sendo nos dias de hoje. O problema estava na decodificação destes sinais por parte dos pais. Eles os interpretavam como sinais de fraqueza, o que chamaríamos hoje de "mimimi". Atualmente, interpretamos como uma patologia que, se não tratada, gera sequelas graves, principalmente nessa fase tão sensível do desenvolvimento humano.

E as consequências disso são danos em algumas estruturas do cérebro ainda em formação. Sofrer de depressão na adolescência aumenta a probabilidade de novos episódios depressivos ao longo da vida, diminui as aprendizagens, pois afeta a cognição, atinge as interações sociais pela perda de habilidades socioemocionais e aumenta a probabilidade de ideação suicida – o que é muito sério.

Tristeza na dose certa é algo muito saudável. É ela que nos faz refletir e, se refletirmos sobre nossas emoções, pensamentos e comportamentos, temos total condição de modificá-los. A "sofrência" adolescente contribui para atribuir valores e sentido a novas experiências sociais que estão surgindo na sua vida "quase adulta".

Deprimidos costumam se descuidar da sua aparência pessoal, mas nem sempre a falta de higiene tem relação com depressão na adolescência. Isso passa a ser um sinal importante quando há uma mudança brusca ou repentina de comportamento. Por exemplo: um adolescente, outrora preocupado com a sua higiene, passa a ter condutas de descuido com seu asseio e estética. Os jovens nessa fase estão aprendendo as regras sociais do dia a dia, e só vão entender que tomar banho, escovar os dentes e ficar limpinho e cheiroso é importante quando isso for importante para eles, quando for prioridade, ou seja, quando começarem a sair com alguém. Aí, por livre e espontânea vontade, vão se cuidar, se perfumar e se banhar. Arrumar o quarto, antes visto como algo inútil, vai ser fundamental, importante para receber bem alguém.

O fato de os pais buscarem conversar com seus filhos em depressão significa, para o adolescente, que eles estão atentos. Isso tem muito valor, pois dá ao adolescente a sensação de estar sendo cuidado, o que ajuda muito na reabilitação, na remissão dos sintomas. Mas é preciso ficar claro que a depressão é um problema que não se resolve em casa, da mesma maneira como não se resolve em casa uma cárie ou um braço quebrado.

Terapia é necessária em uma hora dessas. Atualmente, a terapia está muito democratizada e há inúmeros centros de atendimento voltados à população de baixa renda, nas clínicas-escolas das universidades e há, inclusive, tratamento gratuito. Basta procurar na internet ou pedir indicação de alguém da área de saúde mental. Pós-pandemia, o atendimento *online* democratizou mais ainda a saúde mental.

Muitas pessoas perguntam se bullying pode causar depressão. O bullying é um grande fator gerador de estresse, e pode desencadear vários problemas, que vão desde o Transtorno de Estresse Pós-Traumático até o agravamento de quadros depressivos. Qualquer forma de exclusão, não acolhimento e falta de reconhecimento social contribui para os quadros depressivos.

Dicas para pais e responsáveis: ao perceber os sinais, não hesitem em buscar ajuda profissional para seus filhos. Atendimento psicológico não é mais uma coisa de elite. Cada vez mais as famílias de baixa renda procuram serviços de universidades, de clínicas e de serviços públicos. Já há uma conscientização bem interessante sobre a importância da saúde mental. Por que não procurar um terapeuta para cuidar da saúde mental de seus adolescentes? Estejam atentos às expressões emocionais de seus filhos: não confundam o exagero emocional, tipicamente adolescente, com um humor predominantemente triste, raivoso, explosivo, desinteressado e com desesperança. O adolescente deve ter engajamento em coisas que lhe são interessantes, deve oscilar entre momentos de descontrole e outros de felicidade, esperança e projetos futuros, deve ser emocionalmente conectado às pessoas que lhe são importantes. Desempenho escolar não mede saúde mental; portanto, seu filho pode estar deprimido mesmo indo bem na escola. Dois anos de pandemia impediram vivências sociais muito importantes numa fase da vida na qual as aprendizagens se dão pelas vivências grupais. Logo, consideramos que os adolescentes que viveram a pandemia são mais suscetíveis a quadros depressivos. Não lide sozinho com o problema: busque o diálogo com o seu filho e procure a opinião de um profissional de saúde mental caso esteja em dúvida quanto ao andamento das coisas.

DIÁLOGO

"Conversando a gente se entende" é um clichê que não nasceu à toa. Diálogo realmente é a porta para resolver várias questões dentro de casa. Sabemos que o diálogo com o adolescente é, sem a menor sombra de dúvida, uma arte – até porque, com sua impaciência e suas bufadas, muitos deles não estão tão disponíveis e nem sequer dispostos a conversar com os pais nessa fase da vida. Acredite: é com o diálogo que temos o poder de desarmar a escuta de quem é propenso a verdades absolutas, como é o adolescente. Ao mesmo tempo, não dá para entrar armado de empáfia em uma conversa com seu filho ou filha. Pais e mães devem se despir de preconceitos e pré-julgamentos; caso contrário, o canal de comunicação se fecha. Dialogar com quem não está muito propenso a ouvir é bem complexo. É mais ou menos assim: "Olha, eu não concordo com você, embora entenda e respeite a sua maneira de pensar". O diálogo com adolescentes deve imprimir o selo do respeito de quem os escuta, por pior que seja o que está sendo dito por ele. Julgamentos fecham portas, especialmente com eles.

Pai e mãe são, essencialmente, os primeiros educadores dos filhos, e não podemos sequer imaginar um processo educacional que não envolva diálogo. Isso inclui, sobretudo, respeito. Caso contrário, vira discussão, bate-boca e agressão. Então, diálogo entre pais e filhos é um item obrigatório para relacionamentos construtivos e saudáveis.

Como fazer, sem parecer modorrento e didático, para falar sobre o que o adolescente chama de confrontar "sua verdade" com a "verdade dos pais"? Na adolescência, existem as tais identificações. O adolescente elege ídolos, e isso precisa ser assim mesmo, pois ele está formando sua personalidade e precisa de diversidade de estímulos para tal. Daí ele vai para o mundo experimentar um enorme cardápio de opções e de modelos de comportamentos. Por isso, saliento a importância e a responsabilidade que as figuras públicas possuem.

Se o ídolo do seu filho é um atleta, é mais provável que ele se incline às atividades esportivas. Mas se ele está flertando com drogas, pode se identificar com uma figura pública que faça apologia ao uso dessas substâncias. E agora, o que fazer? Depois de se abastecer com uma pilha de artigos científicos que mostram o prejuízo do uso delas, principalmente na adolescência, você parte para o diálogo. Mas aí seu filho rebate, dizendo que o cantor que ele curte usa drogas, mas levanta a bandeira da paz, ensinando a apertar um baseado nas redes sociais e sustentando a família com sua arte.

Se isso acontecer, é preciso dizer que uma coisa não está associada a outra; pelo contrário, as drogas são substâncias ilegais e há muita violência e transgressão associadas a elas. Além disso, vale falar que o tal cantor não faz pesquisa, mas os cientistas fazem. A essa altura, você não aceita que seu pensamento embasado e cartesiano seja posto em xeque por um cantor drogado qualquer, que fala que aquilo não faz mal a ninguém, sendo que a ciência diz o oposto. Já podemos ver o termômetro da raiva subindo, não é? Pronto! Já temos nitroglicerina o suficiente para uma explosão familiar.

O negócio é não abrir mão dos seus princípios. Abandonar suas verdades para evitar conflitos com filhos mina sua integridade de pai e mãe e valida as verdades de quem, às vezes, não sabe nem se hoje é sábado ou segunda-feira. Mas também não embarque em uma esgrima racional com quem está usando como arma apenas o emocional. Você pode expressar sua preocupação – e até sua lamentação – pelas crenças expressas pelo adolescente que tem em casa, mas entenda que esse caminho não levará a um lugar bacana e que talvez você tenha de buscar ajuda se a coisa já estiver em um nível crítico.

Quando seu filho conta sobre o porre que um amigo tomou em uma festa e você vocifera julgando "Que absurdo!", você acha que seu filho lhe pedirá ajuda para buscá-lo em uma balada se ele tiver bebido além da conta? Você pode perguntar a ele o que ele achou da bebedeira do amigo, para então ficar a par da avaliação dele sobre o ocorrido. Dê escuta a ele. São poucos os pais sem "pecados" na adolescência. Lembre-se, então, como você gostaria de ter sido tratado pelos seus pais quando coisas assim aconteciam.

Um personagem da Thalita no seu livro *360 dias de sucesso* flerta com o álcool. Foi muito bom ela escrever sobre isso, porque muitos pais encontraram aí uma via para dialogar sobre o assunto com os filhos. A arte abre muitas brechas que permitem aos adultos introduzirem temáticas complicadas e desconfortáveis com crianças e jovens, e vice-versa. O relato ficcional despersonaliza o problema e permite que as projeções sejam feitas em cima de um personagem e das consequências dos comportamentos dele. Estamos falando do que pode estar acontecendo dentro de casa sem falarmos diretamente, e isso é lindo. Agora, recomendamos cuidado com o juízo de valores extremado. Permita que o adolescente avalie. Pergunte a ele o que achou do que viu em um filme, em uma série, em um livro; dê espaço para que as primeiras impressões sejam produzidas pelos filhos.

Filhos tendem a se sentir julgados pelos pais, por mais abertos que eles sejam. A explicação para isso é que, quando os pais são bons educadores, eles impõem consequências às transgressões. Gerenciar uma grande confusão sem envolver os pais é uma forma de tentar evitar as consequências, ou melhor, mais consequências, já que alguma coisa ruim virá com uma grave transgressão.

A conclusão disso tudo é que, mesmo com um excelente nível de diálogo entre pais e filhos, muita coisa indesejável pode ocorrer. O melhor dos mundos seria a busca do apoio dos pais, mas a vida não é justa. Seria um sonho poder dizer ao filho: "Se acontecer alguma roubada, se estiver bêbado em um lugar, sozinho, se acontecer alguma coisa, procure seus pais, que são as pessoas que, de fato, poderão ajudar você". Porque os outros, os amigos, podem até atrapalhar o processo, por melhor que sejam as intenções. Tem que haver muita conexão – e não só isso. Tem que haver um discernimento do adolescente – e talvez ele não tenha capacidade de tê-lo naquele momento. As inconstâncias comportamentais são muito comuns na adolescência. Se adultos são imprevisíveis, eles são ainda mais.

Dicas para pais e responsáveis: a sociedade nos vende a ideia de que pai e mãe têm que ter resposta para tudo, de que devem ser oráculos. A coisa mais bonita, humilde e formadora de um laço muito honesto e legítimo entre pais e filhos é quando os pais dizem a eles: "Eu não sei, não tenho a menor ideia". Embora não seja garantia de absolutamente nada, tente fomentar constantemente o diálogo com seus filhos, sendo aquele que escuta, opina, e não o que emite sentenças avassaladoras. Claro que há algo de moral em tudo o que pensamos, mas tente evitar o embate entre verdades. Apenas aceite que a sua verdade não está de acordo com a verdade do seu filho. Sabemos que nossas verdades possuem consequências, sejam elas positivas ou negativas; então, tenha em mente que você não controla aquilo que seu filho pensa sobre o mundo, nem sua moral ou suas atitudes. Então, por mais que você observe que o caminho escolhido por ele não aponta para bons frutos, aceite que seu poder de controle e intervenção é limitado. Estar disponível para uma escuta validante é, pelo menos, uma chance de mantermos uma porta aberta, uma rota de fuga, uma ponte, um lugar de conforto e acolhida para seu filho, caso ele assim deseje.

DROGAS

Drogas fazem parte da história da humanidade. Parece que sempre houve alguma busca por um certo nível de entorpecimento. São substâncias psicoativas que alteram nossos estados emocionais e cognitivos e já estiveram associadas a gritos de liberdade e de expansão da consciência. Há várias questões negativas associadas ao consumo de drogas: os prejuízos à saúde, um enorme prejuízo social, laboral e acadêmico, além dos custos aos governos, tanto na parte da repressão como no tratamento das sequelas dos usuários. Drogas (as ilegais e as legais, como o álcool) destroem famílias. Falarmos sobre elas em um livro sobre adolescência é fundamental.

Adolescentes são fortes candidatos a terem alguma experiência com drogas, desde que o mundo é mundo. Por que eles se sentem tão atraídos por essas substâncias? Usar drogas é encarado por muitos adolescentes como um ritual de passagem para serem aceitos socialmente. Usando drogas, eles sentem-se corajosos, poderosos, *cool*, considerados por quem é importante para eles. Esse é um grande ponto a ser revisto por nós e pela sociedade: a ideia de que quem não usa drogas (incluindo álcool, é claro) é "careta". Isso não pode mais ser propagado. Tudo que o adolescente quer é não ser taxado de careta. Some-se a isso a tendência de o cérebro, nessa fase da vida, "gostar" de coisas que o excitem e *voilà*, o perigo está posto à mesa. Uma informação bem importante: a dependência química tende a ter seu início na adolescência.

As drogas mudam a nossa percepção do mundo, produzindo uma alteração em nossa bioquímica cerebral. Mais do que isso, elas podem interferir na arquitetura do cérebro, ou seja, no modo como as estruturas dele estão organizadas. Logo, se temos um cérebro que ainda está se formando e ele passa a ser inundado de substâncias psicoativas, o resultado tende a não ser nada bom.

As drogas também podem causar depressão, além de serem gatilhos para vários problemas de saúde mental. Há estudos mostrando que o uso de maconha, uma das drogas mais comuns, pode desencadear um surto psicótico, uma crise de pânico, precipitar ou agravar quadros depressivos, e por aí vai. Substâncias estimulantes como a cocaína e as drogas sintéticas, a tal bala ou o MD, inundam o cérebro de uma enorme excitação e, passado o efeito, temos o rebote (sintomas de esgotamento muito parecidos com quadros depressivos). Para reverter esse desconforto, a tendência é usar a droga mais uma vez.

Além de tudo isso, há o álcool, disponível em qualquer lugar, inclusive dentro dos lares, que inicialmente estimula o cérebro e depois acaba atuando como um depressor do sistema nervoso central.

Hoje, os adolescentes estão usando muito metilfenidato, que é a ritalina, um medicamento usado para o TDAH, transtorno do déficit de atenção e hiperatividade. Ela está sendo cheirada como se fosse cocaína. A maconha, por sua vez, com cada vez mais países liberando seu uso e chamando a atenção dos adolescentes para isso, continua sendo um best-seller entre eles, pois é barata e fácil de ser encontrada.

O álcool também tem seu consumo elevadíssimo entre adolescentes. Em festas e baladas, com ou sem outro tipo de droga, ele tem lugar garantido, muitas vezes consumido com energéticos, o que pode ocasionar mais problemas ainda. O excesso de cafeína dessas bebidas pode ocasionar até problemas cardiorrespiratórios. Já as drogas sintéticas estão sempre associadas a eventos intermináveis, que começam ao entardecer de um dia e findam na tarde do outro. Por mais que eles sejam jovens, acham que precisam de um combustível extra para se manter animados, e então apelam às tais balas.

O tabaco, que estava em baixa no mundo todo até muito pouco tempo atrás, deu uma guinada incrível. A indústria e a publicidade conseguiram resgatar o glamour de fumar dos anos 1950 e 1960 com um marketing impecável. Sabendo que jovens são sinônimo de tecnologia e design, inventaram os tais *pods*, *vapes* e afins, em modelos coloridos, bonitos e modernos. Os efeitos são os piores possíveis, mas virou *status* portar um aparelho desses em encontros sociais, e ainda por cima tem um gostinho bom, sem a indesejável e malcheirosa fumaça.

Por isso, muitos países apostam em prevenção. Os programas preventivos antidrogas trabalham muito com a informação dos efeitos negativos produzidos por elas. Recentemente, se incluiu neste pacote regulação emocional. Essa técnica permite que os adolescentes aprendam a lidar com a dor emocional sem a necessidade de mascará-la com drogas. O custo anual para os sistemas de saúde por problemas associados ou desencadeados por entorpecentes é incalculável.

É de fato difícil passar pela adolescência sem experimentar algum tipo de droga. Uma coisa que eu sempre digo aos pais: seu filho vai acabar experimentando coisas fora de casa que você não aprova, mas você não vai ter controle sobre isso. Ele vai acabar se relacionando com pessoas que você não acha bacanas, e você também não terá como evitar. Se essas coisas são conhecidas por todos, é melhor termos condutas que acolham e orientem os jovens quando isso acontecer: é mais eficiente do que tomar medidas punitivas. Em caso de drogas, comprovadamente, essas medidas não funcionam.

Toda a informação passada ao adolescente de forma não punitiva, não chata, tipo aulinha, acaba tendo um efeito muito bom. O desafio é que precisamos dar ao adolescente algo que ele não sabe de que precisa: a informação. No verbete *diálogo* falamos sobre isso, que as informações devem ser passadas com muita habilidade para que ele não pense "lá vem aquele papinho de novo". Sendo uma autora de alta penetração no mundo adolescente, com quem eles se identificam, Thalita pode e deve ser um vetor que bota essa galera para pensar. Este é o papel educativo da arte, da ficção. O adolescente precisa estar encantado, seduzido, aí sim ele escuta o que você tem a dizer. Caso contrário, você apresenta duzentos artigos científicos, mostrando o que a droga faz no cérebro dele, e ele acredita num vídeo do YouTube que fala da repressão às drogas como uma teoria da conspiração para que as pessoas não sejam livres. Afinal, hoje em dia, a probabilidade de os adolescentes terem contato com drogas é de quase 100%, porque está nas escolas, nos clubes, em tudo que é lugar. Ver filmes e séries que abordam o assunto e indicar livros é um bom caminho sempre. Os pais podem e devem confiar na ficção, na arte como um todo.

Além do aspecto da aceitação social, o que mais pode levar um adolescente a experimentar ou usar drogas? A baixa tolerância à frustração, a incapacidade de lidar com dores da alma. Por isso, a regulação emocional faz parte das intervenções preventivas. Os adolescentes (e todos nós, na verdade) precisam aprender a desenvolver recursos emocionais e cognitivos para lidar com situações difíceis na vida, aquelas de que ninguém escapa e nos fazem sofrer um bocado. Nós, terapeutas, ensinamos para as pessoas que as emoções são fenômenos passageiros e que há maneiras de interferir nos seus processos agudos. Por isso recomendamos a busca de ajuda profissional quando a coisa começa a ficar feia, tentando evitar que o vício se estabeleça. Depois de sedimentada a dependência química, o jogo fica bem mais difícil. As drogas são muito suscetíveis a recaídas. Para elas, não há cura, mas controle e manutenção. Por aí, vemos o quão delicado e necessário é falarmos disso.

Dicas para pais e responsáveis: o usuário de drogas se denuncia aos familiares quando estão atentos. Olhos vermelhos, nariz fungando, picos de fome (larica), pensamentos desconexos, visível entorpecimento, descontrole motor (cambalear), aumento da irritabilidade, dificuldade de dar conta dos compromissos, sono excessivo e distanciamento emocional. Em casos assim, você tem o direito, sim, de vasculhar suas roupas ou objetos pessoais em busca de alguma evidência. Ele ainda depende de você, inclusive emocionalmente. A máxima liberdade da adolescência está condicionada à máxima responsabilidade: isso quer dizer que a autonomia adolescente depende do que ele entrega aos pais em termos de comportamentos responsáveis. Definitivamente, problemas com drogas não se resolvem em casa, com punição física, restrição, confinamento. Pelo contrário, isso agrava mais o caso. Procure ajuda de especialistas em dependência química o quanto antes: nestes casos, tempo é saúde.

EDUCAÇÃO. ESCOLA E ESTUDOS

Educação é um processo composto por uma multiplicidade de fatores que envolvem a transmissão de conhecimentos, habilidades e valores. É necessário, ainda, que se tenha uma didática adequada a quem estamos ensinando, que sejamos modelos de comportamento e motivadores a ponto de despertarmos o interesse de quem precisa ser educado. Educação é ainda um dos pilares do desenvolvimento humano e social. Quando não promovemos políticas públicas adequadas, que sejam capazes de suprir crianças e jovens de aprendizagens básicas de alta qualidade, estamos interferindo no seu futuro, possivelmente de um modo muito drástico. A educação integral e de qualidade envolve família, escola e a sociedade como um todo, e é um processo contínuo que deve nos acompanhar ao longo de toda a nossa vida.

Educação, escola e estudos são assuntos muito difíceis de abordar, porque os pais estão sempre reclamando que o filho não estuda. De fato, essa é uma queixa recorrente.

Quanto ao adolescente não querer estudar, quando isso ocorre, temos que agir de modo autocrítico. Sendo o adolescente um ser que devora o mundo, curioso, afoito, por quais motivos ele não estaria querendo aprender?

Aqui, há uma equação complexa. Quanto mais desenvolvemos a tecnologia, mais a educação fica em xeque. Hoje, o mundo está na palma das nossas mãos, conseguimos respostas para tudo e ainda temos um modelo de educação centrado na figura de um professor que despeja conteúdo e usa a lousa e o giz para ensinar.

É claro que muitos professores de ensino médio e fundamental são muito bons e fazem a diferença na vida dos jovens, principalmente quando conseguem se conectar afetivamente com seus alunos. Todavia, essa não é a realidade de todas as nossas escolas. Na prática, nem todos os professores são assim. Vários deles têm muitas restrições; afinal, educar é uma tarefa deveras complexa, e nem sempre todos têm regulação emocional para lidar com todas as adversidades que podem surgir. Por vezes, os professores estão mais preocupados em cumprir aquilo que está no programa didático, e a lógica de seus trabalhos passa a ser conseguir adaptar os alunos ao esquema educacional da escola.

A verdade é que todos fomos educados nesse quadrado. Só que a realidade de hoje é que os professores estão se deparando com alunos que dizem: "Eu quero ser blogueiro, youtuber, quero desenvolver jogos, quero criar aplicativos". E é exatamente esse o ponto em que a escola se mostra deslocada da realidade. Temos ainda uma educação muito tradicional, que não tem incorporado os avanços que a revolução digital nos traz. Nossos conceitos ainda estão impregnados de um certo grau de conservadorismo na educação. Nessa lógica, seria comum você chegar em um jantar com amigos e encher a boca para dizer: "Meu filho acabou de passar no vestibular para medicina", e todo mundo dizer: "Uau!". A amiga do lado, também cheia de orgulho, falaria: "Meu filho está abrindo um restaurante na praia" e todo mundo diria: "Ah, que legal", com uma entonação meio vaga, parecendo não achar aquilo tão bom de fato. Está na hora de começarmos a pensar a educação de modo mais amplo.

Muitas escolas tentam trazer para os modelos tradicionais a ideia de que precisamos abrir novos caminhos para que os jovens descubram suas vocações. Muitos adolescentes são pressionados para assumir postos convencionais na sociedade e acabam desenvolvendo alopécia, depressão e outras doenças de fundo emocional pela simples pressão de ter que cursar faculdades de medicina, engenharia, direito etc. A real vocação dos adolescentes não está sendo levada em conta, e sim a busca de *status* e (boa) remuneração profissional.

Muitos adolescentes acabam sendo vocacionados para o dinheiro, e não exatamente para a profissão a ser desempenhada. Nosso meio cultua isso, as escolas vendem sucesso na forma de classificação no vestibular, no Enem, seja qual for a maneira de se entrar em uma universidade. É comum vermos estampados em ônibus, em jornais, em outdoors e em faixas os rostos e nomes dos primeiros classificados nos processos seletivos. As escolas se preocupam com isso, mas ninguém parece estar interessado se esses alunos estão felizes, em sintonia com as suas escolhas.

Os adolescentes nos fazem uma pergunta muito recorrente: "Para que vou estudar essas coisas que eu nunca vou usar? Que eu não vou precisar para nada?". São poucos os adolescentes que veem a educação como um portal para uma realização profissional, até mesmo porque na idade deles a maioria não sabe o que quer da vida. Um movimento ao qual temos que estar atentos, que acontece no mundo inteiro, por sinal, é o fato de educarmos os nossos adolescentes como se eles fossem atletas cognitivos, com um único objetivo – o acesso à universidade. A gente estuda feito doido para passar no Enem, no vestibular, e quanto mais alta a classificação, melhor. Mas quem disse que todo mundo tem que ir para a universidade?

Essa é uma pergunta que nos fazem muito. Há jovens que querem outras coisas, que querem trabalhar com arte, com internet, com esportes, com música. Há uma estimativa bem importante de que em torno de 60% das profissões que existem hoje não existirão daqui a quarenta ou cinquenta anos. E isso já está ocorrendo devagarinho.

Operador de telemarketing já está sendo extinto, porque são sistemas computacionais e robôs que interagem com você, algoritmos que vão respondendo conforme seu interesse, passo a passo. Não é necessário mais uma pessoa ficar falando ao telefone. Motoristas vão perder o emprego porque carros autônomos já estão circulando, o que diminui, inclusive, a probabilidade de as pessoas terem carro particular no futuro. Os sistemas de entregas serão todos robotizados muito em breve. Estima-se que grande parte da área médica vai ser substituída por robôs que fazem diagnóstico, já que eles não têm emoções e, assim, otimizam o processo de avaliação, inclusive diminuindo a margem de erro em diagnósticos e procedimentos cirúrgicos.

Mas continuamos educando nossos filhos para profissões que ganham dinheiro, e as profissões de maior projeção são as mais tradicionais: direito, medicina, odontologia, engenharia... Thalita sempre diz: não há faculdade para você ser escritor. Há faculdade para você ser cineasta, ator, mas escritor, não. Existem cursos, mas nenhum pai vai querer que o filho seja escritor, porque acha que é uma atividade que não dá dinheiro.

Não podemos abrir mão, obviamente, da escola, porque precisamos educar as nossas crianças e adolescentes. Só que a sociedade sofreu transformações profundas, e a escola continua a mesma de duzentos anos atrás. É como se todo mundo estivesse andando de ônibus, de carro e de avião, e nós estivéssemos andando com carro de boi na cidade. Há um grande distanciamento entre a vida fora dos muros da escola e a vida que se ensina lá dentro. A escola tem um grande desafio hoje: tornar o ensino atraente ao adolescente. Só que a linguagem do ensino é muito antiga, está desatualizada e desinteressante para um adolescente que maneja um smartphone o tempo todo fora (e dentro também) da sala de aula.

A tecnologia chegou à sala de aula, sem sombra de dúvida, mas está bem distante do que existe fora dela. Você já percebeu que os sistemas tecnológicos estão fazendo uma educação paralela com os nossos jovens? Uma educação muito mais dinâmica, atraente e divertida. O que por vezes assusta é o conteúdo que produz. Diante desse cenário, somos obrigados a concordar: a escola ficou chata.

O que o mundo tem pensado para uma necessária mudança no ensino é a inclusão nos currículos escolares da educação socioemocional, que significa em grande parte educar para a empatia, para as emoções e para a autoconsciência emocional – e consequente saúde social. No momento em que você desenvolve a empatia, conecta-se melhor socialmente e mantém a saúde social, que nada mais é do que a soma das nossas individualidades. Empatia é suscetível a aprendizagem e estimulação ambiental, e hoje já possuímos metodologias adequadas para a implementação do treinamento das *social skills* nas escolas. Então, a saúde individual impacta na saúde social.

Você educa essa pessoa para ser cooperativa, tolerante e conectada com as suas emoções, principalmente por meio do estímulo dessa função chamada empatia. Quando o adolescente está conectado com as suas emoções, ele vai entender o que significa bem-estar, vai ter o bem-estar como uma meta a ser atingida por conhecer os benefícios que ele traz, vai estar atento àquilo que lhe dá prazer, àquilo que o completa, identificado, vocacionado para algo que realmente interessa para si mesmo, e não vocacionado apenas pelo poder ou pelo dinheiro.

Renato desenvolveu uma ideia, já publicada em um outro trabalho que escreveu sobre educação infantil, que é a seguinte: a sociedade ainda educa e vende para todo mundo um algoritmo falacioso. Qualquer pai e mãe querem a melhor escola para o seu filho. Em geral, ela costuma ser também a mais cara. Mas, afinal, o que faz uma escola ser melhor do que a outra no senso comum? A que possui o melhor ensino, óbvio.

E o melhor ensino é medido pelo quê? No nosso país, passa pela aprovação no Enem, logo, a melhor escola é aquela que mais aprova no Enem. Por que você deseja essa escola para o seu filho? Para ele ter a melhor educação possível, ter acesso às melhores universidades, aos melhores postos de trabalho, para que ganhe mais dinheiro, seja mais feliz. Aqui está a falácia! Isso está implícito na nossa sociedade: quem tem mais dinheiro é mais feliz.

Há uma pesquisa de um cientista chamado Martin Seligman sobre felicidade – que na verdade é o bem-estar –

que diz que, quando uma sociedade é relativamente justa, quando todos têm uma educação de qualidade, moradia digna, vestuário, saúde e alimentação adequadas, o montante que você tem a mais ou a menos de dinheiro não muda nada na sua qualidade de vida. A partir do momento em que temos um certo nivelamento social, o quanto você tem a mais ou a menos de dinheiro não impacta em nada na sua suposta felicidade. Sabe o que faz as pessoas felizes? O convívio social e recíproco com os seus pares. A ocitocina nos dá gratificação neuroquímica pelo convívio com as pessoas. Não é dinheiro, mas nossa sociedade vende essa mentira. Qual é o sinônimo de bem-sucedido? Alguém com muitos bens, com muito dinheiro. Vendem para nós que o dinheiro traz sucesso, mas isso é uma grande mentira. Quando estamos conectados com nós mesmos, com nossas emoções, percebemos o que é bem-estar, e a educação socioemocional promove isso. Aí estamos bem. Podemos ser bem-sucedidos vendendo pipoca na esquina, ter satisfação com aquilo que fazemos, além de uma gratificante rede de amparo social.

Mas olhemos para a guinada que o mundo deu. Éramos educados para termos uma profissão, juntarmos dinheiro, nos casarmos, procriarmos, nos endividarmos por anos a fio comprando um imóvel, um carro e nos fixarmos em um local, com estabilidade, como se fôssemos uma árvore plantada no chão. Quanto maior a estabilidade, maior o título de sujeito "bem-sucedido". Mas a internet mudou tudo isso, desestabilizou nossos valores e pilares sociais. Os pais precisam urgentemente atualizar seus conceitos e enxergar isso. O mundo ficou pequeno, visível, e virou um grande playground para jovens sedentos de conhecimento. Eles têm fome de mundo, de gente, e se você disser para um jovem hoje que ele terá o mesmo emprego e viverá na mesma cidade para sempre, ele "enfarta". Eles não estão querendo mais ter bens imóveis – nem carro eles querem ter.

Precisamos atualizar o conceito do "bem-sucedido". Esse título é de quem está se desenvolvendo em sua profissão, conectado com suas emoções, verdades e ambições, percebendo as transformações sociais de modo ativo e empático, e isso para muitas pessoas não envolve título acadêmico. Esse é o verdadeiro conceito de cidadania do futuro. Está na hora de enfrentarmos uma grande revolução na educação tradicional. Políticos, intelectuais, educadores e cientistas da pedagogia sabem disso, e esse é um grande desafio e um intrigante teorema que precisamos resolver rapidamente.

De uma certa maneira, a abertura das escolas para a educação socioemocional começa a resolver uma boa parte dessa questão. A educação socioemocional parte da premissa que quando ensinamos autoconsciência emocional, ou seja, quando aprendemos a estar atentos e conectados às nossas emoções, ao que sentimos e ao significado e aos efeitos disso em nosso funcionamento e no nosso corpo, temos maior propensão de nos autorregularmos, com maior capacidade de interferir em nossas reações. Quem está educado emocionalmente pode refletir mais e substituir atos impulsivos por ações mais assertivas.

A educação socioemocional tem que entrar nas escolas, e isso já é um movimento de vanguarda no mundo. O governo Obama, por exemplo, dizia que mais programas de educação socioemocional eram necessários porque a sociedade norte-americana é muito competitiva e pouco empática. A premissa da educação socioemocional é que chegou a hora de educarmos mais os corações, pois apenas apostar no estímulo cognitivo não tem contribuído para uma vida melhor em sociedade. A ideia é que as escolas tenham programas de educação socioemocional e se ensinem emoções e empatia como se ensina geografia, matemática, português, literatura. Essa é a grande revolução que está acontecendo no mundo – ainda incipiente, andando devagar, mas a caminho. A primeira coisa que a gente tem que aprender na escola é a ser gente, ser humano.

Dicas para pais e responsáveis: será bem menos angustiante se você deixar seu filho flertar com várias possibilidades de profissões, e isso não envolve necessariamente cursar uma universidade ou seguir os passos da profissão dos pais. Os conceitos de felicidade e de bem-estar, segundo estudos recentes, não estão associados ao acúmulo de bens ou de dinheiro. É claro que desejamos que nossos filhos tenham um padrão de vida que lhes assegure qualidade e conforto, com acesso a saúde de qualidade; todavia, há inúmeros caminhos que podem garantir essa condição a qualquer pessoa. Sermos pais não nos dá o direito de escolhermos por eles, nem de ceifar seus sonhos. Aqui vale o velho ditado: "de boas intenções, o inferno está cheio".

EMOÇÕES

As emoções representam o que há de mais ancestral na nossa história evolutiva. Foram elas as responsáveis pela preservação da nossa vida como espécie, pela vinculação estreita aos nossos filhos, pela nossa necessidade de socialização, mas, sobretudo, pelo desenvolvimento de um sofisticado sistema de comunicação que nos permite formar sistemas sociais complexos e interativos. As emoções são inatas e não fazem parte apenas dos seres humanos, mas também dos animais. É fundamental entendermos a importância delas nos relacionamentos interpessoais, mas principalmente na relação com nossos adolescentes.

Antes mesmo de sermos seres racionais, de desenvolvermos a nossa capacidade de pensar, já possuíamos um sistema emocional ativo desde a segunda metade do processo gestacional. As emoções são ativadas e registradas precocemente no bebê humano. São esses registros que irão influenciar as percepções e os entendimentos que teremos sobre a vida e sobre o mundo no futuro. A ciência, como sempre, acabou nos trazendo essas preciosas e recentes informações.

O que significa isso, operacionalmente, quando falamos sobre adolescentes? Que da transição da infância para a adolescência é o sistema emocional, regulado por uma área do cérebro chamada de sistema límbico, que está amadurecendo e dando as diretrizes sobre como iremos pensar e entender o mundo conscientemente – e de como vamos nos comportar em nossas interações familiares e sociais.

Adolescentes são vulcões emocionais, "panelas sem tampas": tudo derrama para fora de modo intenso, são naturalmente desregulados, em muitos momentos são pura emoção e zero razão.

Os pais têm que entender – e é uma obrigação mesmo – que momentos de desregulação emocional fazem parte da adolescência. As emoções estão amadurecendo, estão transacionando da infância para um mundo adulto. Uma criança fazer birra pode até despertar olhares críticos de pessoas que estão passando, mas todo mundo tolera; agora, de um adolescente, não se espera isso publicamente. Dificilmente o adolescente dá as suas desreguladas, faz birras em público – se fizer, talvez já tenhamos passado a fronteira entre o que é problemático, uma certa falta de filtro social, e o que não é um comportamento esperado para a idade. Nesse ponto, ele é diferente da criança. Mas por que então ele se controla em público? Porque o freio inibitório já está funcionando melhor e a sua capacidade cognitiva sabe que, se ele agir assim, o prejuízo iria superar qualquer possível benefício. Já em casa o ambiente é seguro, pois os pais da minha infância ainda estão lá, mesmo que apenas simbolicamente na cabeça deles, e escapes acontecem. A questão básica é que escapes são previsíveis – a diferença, então, está em como os pais irão manejar isso.

Renato sempre trabalha com os pais o que ele chama de proficiência emocional – o que Thalita acaba fazendo em sua literatura de modo absolutamente intuitivo. A tal proficiência passa aos pais um entendimento amplo sobre as emoções, que ajuda não apenas no trato com os filhos, mas também no despertar de algum nível de autoconsciência emocional nos próprios pais, sendo esta a base para a empatia (próximo verbete) e a autorregulação.

Emoções se manifestam e podem ser decodificadas através de vários códigos: o primeiro e mais básico de todos é a expressão facial. Em seguida temos a vocalização, a postura corporal, os pensamentos expressos verbalmente, os comportamentos observáveis e as manifestações fisiológicas, como rubor ou tremores corporais.

As emoções são uma linguagem, como uma língua estrangeira que precisa ser decodificada e estudada. Biólogos do comportamento estimam que algo em torno de 80% da nossa comunicação passe pelo nível do não verbal – e muito do conteúdo decodificado pelo nosso cérebro nessa comunicação sequer passa pelo crivo da consciência. Daí a importância de nos tornarmos proficientes para detectarmos todos os sinalizadores indicativos de ativação emocional e o que está sendo comunicado. O básico sobre as emoções é sabermos que elas são disparos hormonais de curta duração. Costumamos dizer que as emoções são como ondas, e que nós somos o barco, e não as ondas: a onda passa e o barco volta ao normal. O que isso quer dizer, de fato? Que ninguém é o que sente e que nossa identidade não se constitui pelo que sentimos. O que sentimos dura pouco e não nos representa. Não somos o que sentimos, mas sim a capacidade de sentir de modo múltiplo. Isso exerce um efeito muito terapêutico no ambiente familiar: seu filho odiar você ou você odiar a ele em muitos momentos não faz de nenhum de vocês uma pessoa má, ingrata ou pouco amorosa. Isso é apenas a natureza das emoções. A diferença está em como reagimos diante da ativação emocional. As emoções não são controláveis, mas a maneira como reagimos a elas, sim, e nossas reações – por mais automáticas e arraigadas em nosso comportamento que sejam – podem ser aprendidas e modificadas com algum empenho.

Seu filho irá se desregular e, quanto mais você se desregular junto, pior as coisas ficarão – o ambiente se desregula de tal maneira que questões fugazes podem se converter em longas batalhas, uma batalha que envolve dois adolescentes: você e seu filho.

A emoção que mais gera danos aos vínculos afetivos costuma ser a raiva – e na adolescência ela será nosso foco principal. Costumamos dizer em terapia que a raiva se alimenta de raiva, por isso a importância da quebra do ciclo, da não reação raivosa a uma ação. Caso contrário, temos ação, reação, contrarreação – e a coisa vai longe. E de quem é esperado o comportamento não reativo? Dos pais, é claro. Ter filhos dá trabalho e nos obriga ao constante desenvolvimento de novas habilidades, ou teremos dois adolescentes em campo disputando poder. Filhos são como um jogo de videogame: a cada fase, um desafio novo. Não quer jogar? Não tenha filhos!

Raiva significa entender algo que ocorreu como injusto, desmerecedor, como um ataque, uma ameaça, um desprestígio. Conhecendo a semântica da raiva fica mais fácil de compreendermos os rompantes adolescentes. Em muitos momentos ele verá o mundo, os amigos, os amores, a escola e os pais, principalmente, como pessoas injustas que o atacam e o desmerecem. Por não se sentir compreendido, ele ataca. Qualquer tentativa de interação tornará tudo pior: em momentos de raiva, o cérebro está inundado de substâncias químicas que não permitirão à razão agir. O melhor de tudo seria esperar a onda passar. Se não estimulado por mais gatilhos de raiva, isso pode levar algo em torno de vinte minutos. O isolamento é bom, o exercício físico ajuda, e assistir a coisas engraçadas, com humor, desarma a raiva no cérebro. Passado o rompante, é importante que os pais nomeiem a emoção, vejam as consequências de modo não crítico, mas factual, e apontem caminhos e soluções. A vocalização na interação não deve ser rude, o que não quer dizer que deva ser melosa. Ela deve ser assertiva e segura. Mesmo que tudo volte a ocorrer – e voltará em outros momentos, pode ter certeza –, devemos marcar aquilo que não pode acontecer estabelecendo limites e cumprimento das regras da casa. Esse tipo de ação demonstra atenção e afeto por parte dos pais e gera reasseguramento nos filhos. A ausência disso costuma gerar desamparo.

Nas demais emoções, exceto a raiva, a técnica desenvolvida pelo Renato, chamada de Empatia Autêntica, pode ser utilizada. Trata-se de validar a escuta sem críticas, estar atento autenticamente ao seu filho, sem desviar a atenção com celulares ou conversas paralelas. Estabelecer ao máximo possível o olho no olho, estar próximo e disponível para contato físico, compartilhar histórias pessoais vividas pelos pais em situações semelhantes às relatadas pelo filho e buscar caminhos e soluções juntos, colocando-se sempre à disposição de modo amoral, sem julgamentos prévios. Isso vale muito para situações que envolvam emoções como a tristeza, o medo, o nojo, a alegria e o amor.

Vale lembrar que as emoções são fenômenos de curta duração, e negá-las ou tentar ter controle sobre elas só piora o problema e invalida seu filho. As emoções não têm hierarquia, ou seja, não há emoção pior ou melhor do que outra. Todas são saudáveis e precisam estar de acordo com a situação, contextualizadas. O que torna uma emoção adoecida é a intensidade, a frequência e o contexto no qual ela é expressa – no restante, estamos no caminho mais pleno da nossa natureza.

Dicas para pais e responsáveis: aceitem e validem as expressões emocionais de seus filhos. Elas são fenômenos de curta duração, ondas que passam e não representam a nossa identidade. Emoções são incontroláveis: podemos mudar a reação comportamental para que sejamos capazes de reagir assertivamente, mas jamais seremos capazes de suprimir as nossas emoções ou as de qualquer outra pessoa. Nos rompantes de raiva, afaste-se e espere o momento certo da abordagem; nas demais emoções, sempre que perceber alguma ativação emocional mais expressiva de seu filho, utilize a técnica da Empatia Autêntica. Como tudo na adolescência, a maturação emocional é uma fase. O conhecimento pode tornar o caminho mais leve e otimista para todos. Esteja conectado ao seu filho e tudo tende a correr bem.

EMPATIA

Empatia é um dos mais belos traços com que a natureza nos dotou. É uma espécie de ponte que permite a conexão das nossas emoções com o misterioso mundo do outro. A empatia é a capacidade que temos de nos colocarmos no lugar do outro, a ponto de sentirmos o que o outro sente e pensa. De sentirmos a emoção que o outro está vivenciando. Para que tenhamos essa habilidade, precisamos primeiro estar conectados a nossas próprias emoções. Se não percebemos as emoções em nossos corpos, jamais conseguiremos nos conectar com os outros. Empatia é uma espécie de wi-fi, e temos ensinado sobre ela usando essa metáfora. As informações são passadas e trocadas sem que estejamos percebendo esse movimento todo. É uma linguagem imperceptível, nem sempre consciente. É por isso que a empatia é a chave do enlace e da harmonia social. Ela nos ensina que não somos prioridade sempre, pois nos atenta para as necessidades e vulnerabilidades do outro. Há um mundo lá fora, para além de nossos umbigos, que precisa ser cuidado. Quando não há empatia, acabamos por ter graves danos ao tecido social, pois nossos laços protetivos de grupo acabam em corrosão, já que as individualidades viram prioridades.

A falta de empatia entre adolescentes é algo espantoso, porque adolescentes são pessoas extremamente autocentradas. O mundo pode estar acabando para os pais, mas o filho está ali, entediado, querendo ir a uma festa. Mas o que seria de fato empatia?

Empatia é a soma do prefixo *in*, que significa dentro, com o sufixo *páthos*, que, diferente do que se imagina, não é a dor do outro, mas sim o estado emocional do outro, seja ele qual for: alegria, raiva, medo ou tristeza. Empatia é, então, nossa capacidade de nos colocarmos no lugar do outro, de experimentarmos a perspectiva do outro e de podermos priorizar o outro, muitas vezes em detrimento de nós mesmos. Uma expressão popular que define muito bem a empatia é "andar com os sapatos do outro".

Nascemos com a capacidade de sermos empáticos. Aliás, não estamos sozinhos na natureza com essa capacidade, comum também a grandes primatas e outros animais. Para entendermos isso, podemos imaginar que a empatia seria como um botão que nasce conosco, mas um botão que não nasce pronto: ele precisa de estímulos ambientais para se desenvolver. Aqui entra o papel de modelo que os pais exercem para os filhos desde a tenra infância. Precisamos entender que a empatia está em nossa natureza porque somos a mais social de todas as espécies. Sendo assim, a empatia fomenta um convívio social mais harmônico e menos turbulento desde o momento em que ela nos faz perceber o outro como importante também. A empatia atua quase como um calmante para os atritos sociais.

Desde o nascimento, os bebês já demonstram um grau inicial de empatia – e um sinal disso é que, quando escutam o choro de outro bebê, eles choram junto. O botão vai aumentando de sensibilidade à medida que o tempo passa, estimulado pelo convívio com pais empáticos, que direcionam atenção, afeto e cuidados para os filhos. Quando chega na adolescência, que é uma fase pontuada por um esperado grau de egoísmo, as experiências anteriores vividas com os pais ou cuidadores farão a diferença para a dispersão dessa tendência autocentrada do adolescente.

E por que tanta tendência autocêntrica? Se você mudasse seu corpo, seu modo de pensar e suas emoções entrassem em ebulição, imagino que a coisa mais importante para você seria prestar atenção em você mesmo para conseguir se decifrar, se entender e achar seu lugar no mundo. Isso explica muito sobre a falta de empatia do adolescente em vários momentos.

Se suas referências emocionais cuidaram bem de você e o protegeram com amor, você terá uma excelente base empática, com alto potencial de ativação quando situações sérias ocorrerem. Isso envolve vários tipos de problemas familiares, financeiros, de saúde e até problemas sociais de maior impacto. Mas vamos lembrar que o foco principal do adolescente continua sendo ele mesmo.

Muitas vezes, tudo o que vem da família é como se fosse um regramento, uma punição, uma ordem. Como o adolescente tende a ter as suas questões como as mais importantes do mundo, quando ele está com esse modo ativado não consegue ser empático com ninguém. Já com relação ao seu grupo, aquela turma que se forma por afinidade, a conexão empática vai lá em cima. É por isso que o adolescente protege e defende seus valores e seus amigos com tanto fervor. Isso faz parte de se reconhecer como independente dos pais. Vamos deixar aqui a ideia de que, na adolescência, a empatia é meio sazonal: às vezes conecta, às vezes não, assim como o sinal do wi-fi que oscila entre o fraco e o forte.

A empatia é o remédio das relações sociais equilibradas, mas também pode ser o veneno. Se somos empáticos em excesso, descuidamos de nós mesmos. Se não conseguimos ser empáticos e visamos apenas o nosso bem-estar, viramos uma espécie de predador social. Outra coisa muito importante: quando o adolescente acha "a sua galera", ele tende a se fechar nela – e aí ele vira 100% empático com quem é do seu time. Esse fechamento de afinidade pode gerar excesso de empatia com o seu grupo de referência, mas, em contrapartida, uma total ausência com quem não compartilha dos mesmos gostos. Por isso, muitas vezes há níveis exagerados de competição, bullying, xenofobia e agressões psicológicas ou físicas entre grupos de adolescentes que se enxergam como rivais.

O antídoto para isso se chama convívio rotineiro com a diversidade. Assim, caímos de novo no assunto da educação socioemocional. Todos podem, e devem, ter seu grupo de afinidade, mas saudavelmente transitando em meios culturais diversos. Isso é produto de uma educação familiar que deveria ensinar postura e respeito às diferenças, mas, sobretudo, o peso maior deveria cair sobre a pedagogia aplicada nas escolas. A escola deve educar para a diversidade, pois essa é uma educação empática, uma educação para a paz. O ensino tradicional precisa ser revisto urgentemente, pois a pedagogia está devendo isso para a nossa sociedade.

A sociedade tem ensinado sobre empatia aos nossos adolescentes do pior jeito possível. Vivemos em um país que está na parte de baixo no ranking de empatia do mundo, se comparado com outros países mais desenvolvidos. O que temos visto no Brasil são exemplos péssimos, um afrouxamento das regras, o desmantelamento da cultura, a relativização das leis, a elitização da educação com o desmonte do ensino público, regras especiais para quem tem dinheiro, exemplos deploráveis de nossos líderes políticos, muita corrupção, enfim, um cenário lamentável. Aqui, não paramos em faixas de segurança, mas em locais proibidos; afinal, "é só um minutinho"; desrespeitamos sinais de trânsito, atitudes que acabam servindo de péssimos exemplos para os nossos jovens. Por que fazemos isso? Falta lei, falta equidade e, desse modo, estamos ensinando nossos adolescentes na contramão de uma educação colaborativa e empática.

As redes sociais têm "linchado" as pessoas moralmente, com a tal "cultura do cancelamento". Quando uma pessoa comete deslizes, às vezes imensos, às vezes pequenos, ocorre o tal cancelamento. Isso é falta de empatia com quem está sendo cancelado, e esse é um dos paradoxos da empatia. As pessoas são extremamente empáticas a ponto de se autorizarem a "linchar" moralmente quem errou. Infelizmente, as redes sociais têm sido uma nova via de "justiça com as próprias mãos", e há uma onda de justiceiros digitais por aí. Deixar de seguir é uma coisa, dar sua opinião é outra coisa; agora, demonizar e perseguir o outro em redes sociais é reagir com uma explosão de ira. Será que as pessoas estão se dando conta do que está acontecendo? Em princípio, se você está dentro do processo civilizatório, que é a estrutura da lei, você tem que agir dentro do tecido social. Se alguém fez alguma coisa que transgrediu a lei, agrediu alguém, foi racista com alguém, você não vai assinar embaixo, mas não vai partir para o extremo do linchamento. Você acaba se tornando tão empático com a pessoa que acaba cometendo atrocidades em nome dessa empatia? Isso é civilização?

Então empatia, como tudo na vida, precisa de equilíbrio e, sobretudo, de educação – tecla em que vivemos batendo. James Heckman, prêmio Nobel de Economia em 2010, falou em uma entrevista uma vez que "tentar sedimentar em um adolescente o conhecimento que deveria ter sido apresentado a ele dez anos antes custa mais e é menos eficiente". Ele salienta a educação integral, e não apenas a cognitiva. Ele demonstra essa nossa deseducação através de modelos matemáticos, sendo que, ao final das contas, essa falha educativa se reverte em valor monetário despendido pelos governos para reparação de danos sociais cometidos por total ausência de cuidado com os outros. As pessoas deseducadas, desreguladas emocionalmente, acabam sendo as que mais cometem transgressões, desrespeito às leis, depredação de patrimônio públicos, além das agressões de rua. Porque uma pessoa que comete uma agressão social não está nem pensando no valor do patrimônio, em quem vai limpar, em quantas pessoas prejudica. Ela não tem empatia alguma porque qualquer ato de transgressão tem um custo social. Alguém paga essa conta, mas ela está se lixando para quem paga essa conta; ela não consegue fazer essa conexão, ter essa linha de pensamento.

Pais são modelos positivos quando tratam os outros com respeito, com interesse, sejam eles quem forem. Pais são modelos quando cumprem os acordos sociais. Pais devem frustrar os filhos impondo regras. Pais, quando são seguros de seus princípios, conseguem dar limite. Eles não abrem mão dos seus valores. Não estou falando isso de modo careta, "os valores da família". Os pais, às vezes, nessa insistência, perseverança, embate, nessa DR constante que os adolescentes acabam promovendo com a gente, se desestabilizam e abrem mão do que acham importante em nome de uma suposta democracia. No caso da educação, devemos relativizar a democracia. Ela é aplicável a determinados contextos que cabem ser negociados – o que não quer dizer que tirania está valendo, muita calma nessa hora.

Você deixaria seu filho adolescente discutir sobre o gerenciamento financeiro da família? Se você deixar, ele vai preferir investir em coisas que têm enorme valor para ele naquele momento e no ano que vem já não valem mais nada. Você negocia com ele um ano fora da escola para ele praticar apenas meditação para elevar seu espírito? Coisas desse tipo não devem estar na mesa de negociações. Agora, discutir onde vamos passar o verão, isso não só é negociável, como costuma unir as famílias em ideais comuns. Na escola, alunos elegem o líder estudantil, mas não devem opinar nada sobre as diretrizes de ensino da escola – isso é coisa para os doutos pedagogos. Dá para entender o que chamamos de democracia relativa no processo educacional?

Dicas para pais e responsáveis: promova diversidade nas relações humanas, promova acesso à cultura e naturalize as diferenças. Ensine por meio de comportamentos modelos, mostre em sua conduta que amizades envolvem afeto, e não valores ou bens materiais. Respeite as regras, imponha limites, aponte as falhas e condene atos agressivos de todos os tipos, praticando a democracia relativa. Seja tolerante com radicalismos, pois eles costumam ser passageiros, e lembre-se de que, provavelmente, vocês, pais, também já quiseram mudar o mundo. Observe o comportamento e as reações das pessoas ao que está ocorrendo, manifestadas, principalmente, pelas expressões faciais, pelo tom de voz e pela reação do corpo. Chamamos isso de atenção empática. Quando você direciona sua atenção autêntica ao outro, de modo detalhado, começa a perceber detalhes a que não havia prestado atenção antes, e isso ativa reações biológicas de empatia e direcionamento ao outro. Tudo isso fomenta empatia – e a sociedade agradece, pois acaba contribuindo para reforçar laços sociais saudáveis. Agindo assim, como nos ensina o dr. Heckman, você estará contribuindo para um mundo mais propenso à equidade e à paz social, e o benefício será global.

ESTÉTICA E CORPO

Estética é um assunto da adolescência porque aparência, corpo e imagem são questões centrais nessa fase. Primeiro, porque o adolescente passa, transitoriamente, na sua síndrome normal, por uma espécie de transtorno dismórfico corporal. O que é isso? É ter distorções a respeito da sua própria imagem. Só que o adolescente não tem propriamente distorções da sua imagem, mas está assistindo em tempo real as mudanças que estão acontecendo com seu corpo. Chega um momento em que ele se vê como uma aberração, um ser mutante, sem forma definida ou definitiva. Além disso, a estética se expressa na ditadura da beleza mais padronizada como um fenômeno social, e o adolescente quer estar em sintonia, em harmonia com essa onda. Ele quer o pertencimento, é ali que ele se reconhece, e por isso não quer ser carta fora do baralho. Ele ainda não reconhece que aquilo é falso, não tem discernimento para perceber, e precisa desesperadamente ser parte do grupo e de seus códigos estéticos.

De um modo geral, quando está entrando na adolescência, a pessoa começa a se ver como um ser mutante, uma aberração em forma de gente, um atentado à estética. Ele ainda não percebeu que tudo é temporário e passageiro, que é uma fase. Ainda não sabe quando as transformações vão cessar, e por isso vive um intenso problema de dismorfismo corporal. A voz dos meninos muda, oscila, e eles têm uma verdadeira ojeriza quando isso acontece. Às vezes, o nariz desponta de um modo mais assimétrico, mas depois, com o crescimento do rosto, ele se encaixa. Os meninos também implicam com os mamilos, acham que vão ter seios. Ou então o corpo ainda não tomou aquela proporção masculina e eles se acham acinturados. Com as meninas, a mesma coisa ocorre. Brotam os peitos de repente, e elas podem sentir vergonha. O corpo se arredonda, e isso também pode atrair o olhar masculino (malicioso, sexual, adulto), e elas não estão acostumadas com esse tipo de coisa. Começam a menstruar, a ter cólicas, a sentir-se diferentes. E começam a aparentar ser mulheres sem ter uma cabeça de mulher para lidar com tudo isso, incluindo o assédio.

Para somar a essa falsa impressão de ser uma aberração com um corpo "errado", os adolescentes sofrem com a pressão estética que já existe no mundo há várias décadas e que privilegia pessoas com um corpo e um rosto "padrão", classificando-as como belas e perfeitas e fazendo-as ganhar destaque na sociedade em várias áreas.

Porém, nos últimos anos, essa pressão parece que ficou maior ou mais acentuada, porque as redes sociais permitiram que cada pessoa tivesse um canal – ou mais de um – para se expor e acompanhar quem se expõe, com fotos, vídeos e imagens que não são apenas um retrato da realidade maquiada, mas uma versão altamente editada e produzida por filtros tecnológicos, que resulta em imagens praticamente impossíveis de alguém apresentar "de cara lavada". No entanto, as pessoas perseguem esse ideal, tentando mimetizar em seus corpos aquela versão ultraeditada, com a ajuda de cirurgia plástica e procedimentos cosméticos. E os adolescentes, principalmente as meninas, estão nessa jornada – mesmo sem seus corpos terem atingido sua forma definitiva ainda. É uma verdadeira loucura.

No Instagram, vemos milhares de adolescentes, famosas ou não, leitoras ou não dos livros da Thalita, que usam um quilo de maquiagem sem perceber, ou talvez percebendo, que aquilo as deixa muitos anos mais velhas. As pessoas hoje vão ao dermatologista ou ao cirurgião plástico pedindo mudanças estéticas para sair bem nas fotos das redes sociais, ou até para ficarem iguais a como os filtros as deixam. Ouvimos falar de garotas de quinze anos que pedem de presente de aniversário uma cirurgia para colocar próteses de silicone nos seios, ou preenchimento labial, ou cirurgia para reduzir as bochechas (a tal bichectomia), ou lipoaspiração para gordura localizada.

Renato já teve pacientes cuja mãe estimulava a cirurgia estética facial e nos seios. Inclusive, a mãe chegou a dizer que a filha tinha os lábios vaginais muito grandes e que os homens não gostavam disso, sugerindo uma correção. Há mães que embarcam nessa loucura, nessa ditadura da estética, de fazer com que os filhos sejam perfeitos fisicamente. A cirurgia plástica estética se popularizou de uma maneira impensável antes. Há anúncios de clínicas e médicos em revistas, jornais, redes sociais e até em ônibus, oferecendo parcelamento em dez, doze ou 24 vezes, como se uma operação assim fosse algo trivial. E quantas notícias de complicações e até de mortes também vemos, de jovens que foram fazer um procedimento estético e tiveram um desfecho trágico.

A pressão estética está por trás de muitos transtornos alimentares também, como bulimia e anorexia, em que a pessoa ou se nega a comer ou come e provoca o vômito para não engordar e manter o peso corporal.

Tudo isso parece um grande oferecimento ao olhar do outro. As pessoas postam fotos produzidas nas redes sociais e ficam aguardando as curtidas, os comentários e os compartilhamentos. Muitas vivem financeiramente desse sistema, ganhando dinheiro para divulgar produtos – e, quanto mais curtidas e mais engajamento, mais influente ela será e mais "valioso" será seu cachê. Mas outras apenas sugerem traços narcísicos de personalidade, de um ser que não se sustenta por si só, mas é "like-dependente", precisando do reconhecimento do outro. Se a pessoa tem um *self* extremamente vulnerável, terá certamente uma autoestima péssima, com baixa autonomia e autoeficácia.

A autonomia é a capacidade que você tem de escolher, e a autoeficácia é a manutenção da escolha. Se escolhi uma camisa hoje você olha para mim e diz: "Mas essa cor?", e então vou lá e troco a camisa, isso é baixa autoeficácia – a não manutenção da minha escolha. Você tem que escolher porque gosta, faz bem para você e acabou. Essas pessoas não têm um *self* que se segure em outro contexto que não o estético. Em nenhum momento essa pessoa fica satisfeita. Mas se você se aceita como é porque não tem seu foco aí e seu reconhecimento está em outro lugar, em uma profissão, por exemplo, você terá boa autoeficácia.

Para o adolescente, portanto, ter autonomia e autoeficácia é mais difícil. Ele não tem profissão, sua identidade está sendo construída e ainda é frágil. Ele vai da escola para casa, de casa para a escola, no máximo depois para o balé ou para a natação.

Outra questão estética que é muito comum são os adolescentes quererem colocar piercings e fazer tatuagens. São procedimentos definitivos, pelo resto da vida. E se você se arrepender? Claro que hoje há modos de remover uma tatuagem – mas são caros, demorados e dolorosos. Ninguém faz uma tatuagem para tirar depois. No mundo adolescente, em que tudo é instável ainda, fazer algo definitivo é muito arriscado. Para ele, naquele momento aquilo é maravilhoso, mas daqui a cinco anos pode mudar. Portanto, é melhor deixar para um momento mais estável da vida.

Isso esbarra também em uma questão sobre capacidade de escolha e de livre-arbítrio do adolescente. Renato, como terapeuta, sempre fala aos pais: livre-arbítrio é diretamente proporcional à capacidade de maturidade cognitiva e emocional, ou seja, à saúde mental, à regulação emocional, à capacidade cognitiva de decisão. Por exemplo, se um adulto está usando drogas na família e você pergunta a ele: "Você quer se internar?" e ele diz: "Não" – se ele tem maturidade cognitiva e emocional para saber o estado em que se encontra, tudo bem. Senão, a família deve intervir.

O adolescente tem isso para coisas tão sérias? Para algumas, sim. Ele pode escolher aquilo que consegue, mas não pode escolher aquilo que não consegue escolher. É diferente fazer uma cirurgia de correção estética em que há algo importante a ser mexido. Por exemplo: orelhas de abano. Corrige-se, e não há problema algum. Mas fazer uma cirurgia estética em uma adolescente só reforça uma autoestima ruim, alimentando uma toxicidade dela – algo que, inclusive, pode se tornar um tipo de vício, porque as pessoas ficam viciadas em cirurgias plásticas. O que as pessoas que fazem muita cirurgia plástica acabam fazendo? Se estragando. Elas se olham no espelho e não veem o que nós vemos. Estamos falando de um transtorno dismórfico corporal, uma alteração da sua imagem corporal.

Dicas para pais e responsáveis: acompanhe e monitore seus adolescentes. Veja o que estão fazendo e vendo nas telas, nas redes sociais. Há sites que reforçam a anorexia, por exemplo, dando dicas de como esconder dos pais e burlar o controle. Saiba também quem são os influenciadores que seus filhos seguem. O que eles defendem, pregam e até o que vendem. Isso dará boas pistas do que está interessando a ele. Um pai precisa reconhecer se algo está exagerado na vida do filho quando ele só vive aquilo. "A minha filha só quer fazer plástica, só quer ficar bonita, só olha para a beleza." Isso é muito sério e complicado, e é quando a luz vermelha deve se acender. Não chegue a ponto de ser um pai desconectado e desatento ao seu filho adolescente. Mas e a privacidade dele? Gostando ou não, os filhos vão ter que entender que há um certo nível de monitoramento. Claro que não é preciso colocar uma câmera no quarto, mas acompanhar e saber o que se passa com os filhos é necessário.

FAMÍLIA

Família é um conceito que precisa ser urgentemente atualizado na nossa cultura. Precisamos reconstruir a ideia de que uma família se forma apenas por laços de sangue na configuração tradicional que aprendemos. Família significa, essencialmente, uma união de afetos, independentemente de qualquer laço consanguíneo. Um casal sem filhos, seja um casal de homens, de mulheres ou misto, é uma família. Amigos que se amam e convivem intensamente podem igualmente constituir uma família. Atualmente, até os pets se encaixam no conceito. Em caso de separação conjugal com filhos, quando os pais se casam novamente, acabam gerando novas e por vezes complexas relações familiares.

Família é muito importante na vida das pessoas por ser a conexão afetiva intensa que forma laços referenciais e protetivos, necessários a qualquer ser humano. Família deveria ser o porto seguro, o local de referência quando necessitamos de proteção. Porém, nem sempre é assim: há muitas consequências negativas advindas desse convívio intenso. Muitas vezes, a família promove o abandono físico, emocional, e acaba sendo a fonte de estresse que afeta o desenvolvimento saudável de crianças e adolescentes. Em muitos casos, a família pode, mesmo se amando e tendo as melhores intenções, desenvolver atitudes tóxicas que abalam todos os seus membros. Importante entendermos que vivermos juntos de modo longitudinal sempre acarreta algum nível de conflito. Família é tudo isso: referência, afeto e conflito.

A família é fundamental na construção da saúde mental do adolescente. As primeiras informações que recebemos do mundo, ao nascer, vêm dos cuidadores, ou seja, da família, qualquer que seja sua configuração. Ela acaba sendo o nosso núcleo de referência básica, principalmente nos primeiros anos de vida, quando ainda não possuímos consciência do mundo a nossa volta. Aliás, a família tende a moldar nossa visão acerca do mundo externo, pois os primeiros valores que aprenderemos vêm do núcleo familiar. As experiências vividas na família, que serão sem sombra de dúvida de longuíssima duração, terão enorme peso naquele tipo de pessoa que iremos nos tornar no futuro. O modo como os membros da família interagem entre si ajuda muito a formatar nossas emoções.

A separação conjugal sempre afeta os filhos, não importa a idade. Sejam adultos, adolescentes ou crianças, eles sempre acusam o golpe de alguma maneira. Separação conjugal está na lista dos itens mais estressantes que um sujeito pode passar na vida.

Quando uma família se rompe, o adolescente tem que fazer um enorme esforço para reconstruir sua visão de pai, de mãe, de família como um todo, dos valores transmitidos, até de si mesmo – enfim, a visão do mundo todo a sua volta. É um dos grandes lutos da vida.

Nesse processo de reconstrução geral, todos na família se perdem um pouco. Se os pais não se entendem depois de separados, complicações podem acontecer. Se no meio do caminho da construção de uma identidade a bússola quebra, a pessoa pode ir para extremos. Tudo no comportamento humano é imprevisível, mas temos que trabalhar com as probabilidades. Se a relação dos pais pós separação for de respeito, cordialidade e diálogo, aumenta a probabilidade de as coisas serem menos tumultuadas e de o adolescente se reencontrar mais facilmente. No caso oposto, tudo fica mais difícil na elaboração desse enorme luto.

Quando o luto não é bem elaborado, é comum o adolescente apresentar baixo rendimento escolar, descompromisso com coisas importantes, isolamento social, rebeldia, comportamentos de oposição, atitudes contestadoras e busca de alívio em substâncias psicoativas. Tudo, simbolicamente falando, como um enorme protesto pela falência do seu sistema de referência.

As famílias disfuncionais são um terreno fértil para brotarem confusões e problemas para o adolescente, obviamente. Mas mesmo sem ter havido separação, com a melhor das intenções e com amor, famílias organizadas, estruturadas, amorosas, cuidadosas e empáticas acabam sendo uma fonte em potencial de permanentes conflitos. Aliás, conviver intensamente é quase um sinônimo de conflito. Sempre haverá arestas a se ajustar, e isso vale para qualquer relação, principalmente as de longa duração.

Educar é uma tarefa repetitiva, chata e desgastante – e até estressante. Filhos precisam ser frustrados, e isso gera protestos e embates. Filhos podem apontar comportamentos discrepantes dos pais, o que gera conflitos. Filhos se metem na conjugalidade dos pais, e isso gera tensão. Pais geram expectativas em relação aos filhos, e certamente eles irão decepcioná-los em um ponto ou outro.

Por outro lado, filhos geram expectativas em relação aos seus pais, o que igualmente vai gerar frustrações. Nesse grande caldeirão de interações e conflitos, as famílias funcionais podem, sim, gerar problemas para os adolescentes. O mais intrigante e até apaixonante das relações familiares é que não há receita pronta para "dar certo". Depois de anos de prática clínica com famílias de crianças e adolescentes, Renato traz uma certeza: pais bacanas não geram necessariamente filhos bacanas. E pais ruins não geram necessariamente gente ruim. Essa interação é multifatorial, probabilística, algo que na física chamamos de sistemas caóticos não lineares. Os pais precisam estar preparados, pois ter filhos é um fator de risco.

Todo o processo de amadurecimento do adolescente passa por ele romper com a família para se tornar independente. E todo adolescente sempre ouviu "verdades" de sua família ao longo do seu crescimento. Ele foi sendo equipado com os conceitos sobre a vida e o mundo lá fora. A adolescência é o período de testar as habilidades sociais e o equipamento básico que veio de casa. Muita coisa funcionará, outras não. Pais, por exemplo, podem ter posturas preconceituosas em relação a determinados assuntos, mas isso não faz deles necessariamente pessoas más, mas sim pessoas preconceituosas.

Pais têm posicionamentos políticos, religiosos e sobre uma diversidade de conceitos que serão testados, contestados e reformulados pelos filhos adolescentes. Algumas coisas permanecerão, outras não. Isso é o rompimento simbólico com os pais. Já o rompimento real ocorre diante de conflitos que envolvem violência, abandono. Romper com os pais, em casos assim, é uma questão de autocuidado, de sobrevivência. Voltando ao processo de se tornar independente, isso fala a respeito de uma independência psicológica dos pais, mas não necessariamente financeira. Em alguns países, ainda na adolescência os filhos se tornam independentes emocional e financeiramente dos seus pais, quer queiram ou não. Eles literalmente vão para o mundo. No Brasil, isso em geral tem ocorrido de modo bem tardio, lá pelos trinta anos de idade. Temos, então, dois tipos de independência, a financeira e a emocional, mas esses processos não são necessariamente concomitantes.

O jovem precisa dessa separação para ter uma identidade autônoma. É quase como um segundo corte de cordão umbilical, só que desta vez simbólico. O nome técnico desse processo todo se chama separação e individuação. Traduzindo: "Preciso me afastar para me encontrar". Esse processo é turbulento. Sempre nos deparamos com as mães perguntando quando essa fase acaba. Todos nós já quisemos romper com as nossas famílias para voltarmos para elas.

Parece que os adultos, quando viram pais, se esquecem que já foram assim – mas é normal, porque essa fase dos filhos mexe muito com todos os conceitos e verdades dos pais. Eles se sentem agredidos, usados às vezes, não amados e até injustiçados. Afinal, um membro da família os está contestando e tentando desestabilizar tudo.

É ainda uma fase na qual os pais revivem sua própria adolescência e se assustam por saberem que essa fase da vida é cheia de armadilhas que podem definir destinos indesejáveis. O modo como os pais deles lidaram com eles quando adolescentes tem influência nesse processo também. Vale lembrar que nossas experiências precoces ficam impregnadas em nossas mentes como tendências de comportamentos a serem repetidos.

Recebemos muitas mensagens de adolescentes. Não raro desabafos como: "Eu odeio a minha família". Adolescentes têm esse momento de ódio à família. Os leitores da Thalita dizem que, quando seus personagens externam isso sobre suas famílias, eles se sentem acolhidos, validados. A mãe da Malu, de *Fala sério, mãe*, a mãe da Tetê de *Confissões de uma garota...* são exemplos de relações disfuncionais que acabam funcionando para os leitores, porque eles se reconhecem nas histórias. São relações constituídas na base do amor. No caso da Tetê, a família dela quer que ela seja um personagem social, que não se encaixa em quem é a Tetê de verdade. A família quer o bem dela. Os terapeutas costumam brincar com isso quando dizem que "não há nada pior do que alguém querendo o seu bem". Isso é irônico, porque quando alguém quer o seu bem, quer o seu bem a partir dos seus valores pessoais, e isso nem sempre inclui os desejos dos filhos.

Os pais deveriam evitar esse papel de desenhar o caminho dos filhos. Claro que a exceção é para os aspectos essenciais, como educação, saúde e valores básicos morais, obviamente, pois existe a obrigação dos pais de mandar os filhos à escola, levá-los ao médico e exigir que sejam cidadãos que respeitem os valores sociais e valorizem a vida. Mas os pais se enganam quando pensam que podem organizar a vida dos filhos a partir de suas experiências de vida e de seus desejos. Os pais podem ficar com a sensação: "Se eu abdicar do controle, não começar a bater de frente com meu filho, aí mesmo que ele perde o norte". Porém, em geral, é justamente o oposto.

Aquela mãe que diz "Esse seu namorado não presta" é o clássico exemplo que se vê em consultório. Quanto mais a mãe critica, mais a menina se apaixona. Quando os pais acolhem o namorado, recebem-no em casa, tratam bem e se encantam com o menino, há o desencanto do outro lado. É mágico isso, muito comum de acontecer. Quanto mais os pais "batem" nos valores dos filhos, mais eles aproximam os filhos desses valores. Pais não deveriam desafiar adolescentes nesse nível, porque estarão agindo como se também fossem adolescentes. Aí se quebra uma importante hierarquia: a do afeto. A relação fica nivelada, e isso é perigoso para que os limites sejam acatados.

Nessa hora da adolescência, a família precisa ser família, e não juiz. Validar não é concordar. Isso é uma questão importantíssima que os pais têm que aprender. Validar é entender a perspectiva do outro, não necessariamente concordar com ela. "Eu entendo que você tenha pensado assim e agido assim, porém, não é assim que a coisa funciona."

É importante criar entre pais e filhos um canal de comunicação honesto, mas não vamos confundir honestidade com "eu conto tudo para os meus pais sempre". Como já falamos, isso seria bastante utópico. Somos seres emocionais, temos vergonha, medo do julgamento alheio, pavor de não sermos aceitos ou compreendidos. Portanto, há coisas em nossas vidas difíceis de admitirmos até para nós mesmos. É importante, inclusive, que nossos filhos não nos contem tudo; afinal, muitas coisas nos machucariam em demasia. Considero um canal de comunicação honesto como um sistema aberto para a escuta, um sistema conquistado pela confiança e amor, mas não um sistema sem filtro, irrestrito às vicissitudes da vida.

O adolescente sente a diferença entre aquele pai perguntador, absolutamente interessado, e o invasivo. Interessado é uma coisa, invasivo é outra bem diferente. Pais interessados fazem o que chamamos de perguntas abertas. Tais perguntas até chateiam o adolescente, mas demonstram atitudes de interesse e atenção por parte dos pais. Perguntas abertas são, por exemplo: "E aí, como foi ontem à noite? Está tudo bem com você?". São perguntas que vamos chamar de globais, não específicas. São um convite ao diálogo, e não uma obrigação: cabe ao adolescente e ao seu humor do momento dar vasão, ou não, ao assunto. "Você ficou com alguém na festa?" "Você já transou?" "Bebeu muito ontem?" Essas já são perguntas absolutamente específicas, que demonstram interesse por um controle da vida do adolescente, e não pelo adolescente em si. É diferente de querer saber: "Como andam as coisas? Você está legal?".

Então a família não tem que julgar, mesmo que julgue internamente?

Todos nós julgamos tudo e todos o tempo inteiro. Somos seres morais – isso também é da natureza dos grandes primatas. A diferença é como agimos diante dos nossos julgamentos e como atuamos frente às "naturais" transgressões adolescentes. Os pais devem se posicionar diante do certo e do errado sempre. Às vezes, diante de situações esperadas da adolescência, os pais acabam exagerando no julgamento. Parece que eles querem um filho perfeito, que não experimenta nada. Por exemplo, os pais dizem: "Não beba quando sair à noite". Os pais bebiam quando saíam à noite indo para a festa, provavelmente já tomaram pelo menos um porre na vida. Os pais esquecem o que usaram ou experimentaram de drogas.

Nossa função como educadores é dar mapas, valores, ferramentas, e torcer para que tudo dê certo em uma jornada em que não somos nós que estamos no comando – e da qual desconhecemos plenamente o resultado.

Dicas para pais e responsáveis: procurem se informar sobre as fases e os comportamentos que são naturais na adolescência, mesmo que sejam comportamentos extremos, desafiadores e difíceis de lidar. Procurem sempre validar a perspectiva do adolescente. Lembrem que validar não é concordar. Não abram mão de seus valores pessoais e dos valores familiares: a estabilidade da família funciona como uma bússola para o comportamento adolescente e ajuda a trazê-lo de volta quando ele se perde. Evitem julgamentos extremos sobre as condutas e preferências de seu filho e, sobretudo, não o tratem como seu melhor amigo e nem exijam dele uma fidelidade extrema – isso não acontece em nenhum tipo de relacionamento. Educar é um processo lento, repetitivo e, por vezes, desgastante. Educar é abrir caminhos, e não há nenhum tipo de garantia do resultado final – aceite isso. Tudo correndo bem, a adolescência será apenas mais uma fase da vida, com seus respectivos problemas. Quando seu filho for adulto, novos desafios virão: aguarde.

FEMINISMO

Feminismo é um movimento com fortes bases nos anos 1960 que objetiva a valorização não apenas da mulher, mas do feminino como um todo. Esse movimento tem como base a sociologia, a filosofia e a psicologia, e visa combater o machismo estrutural que segrega e discrimina o feminino como algo de menor valor na sociedade. O feminismo busca uma equidade social – tanto no posicionamento político como laboral e intelectual das mulheres frente aos movimentos sociais. Esse é um assunto de muita importância a ser debatido na adolescência: quanto mais cedo ocorrer a consciência acerca do que é ser feminista, maior será a capacidade de combater a discriminação rumo à equidade social dos sexos. É uma pauta importante a ser debatida tanto com as meninas quanto com os meninos, já que a mudança e a conscientização precisam ocorrer nas estruturas, nas bases da sociedade, e a adolescência é uma fase muito sensível para a conscientização desses valores.

É muito importante educarmos nossos jovens com uma perspectiva histórica sobre as diferenças sociais. Precisamos educar meninos e meninas sobre o que é o feminismo, e isso deveria fazer parte dos currículos escolares para evitar que preconceitos se cristalizem nessa fase da vida. O feminismo – assim como o combate ao racismo, à homofobia e a toda forma de xenofobia – precisa ser trazido à tona para os debates sociais, e a nossa casa e a escola são as melhores fontes para esse debate com os adolescentes.

Embora tenhamos avançado nesse assunto, vemos o debate tomar várias posições. Por um lado, há opiniões e discussões muito bem fundamentadas, e por outro há pessoas que fazem parte de minorias excluídas até tomando posições muito radicais. Isso é até esperado, pois é quase como se fosse uma necessidade das mulheres de ganhar espaço "no tranco, no grito, à força", já que ficaram silenciadas por muito tempo. Mas devemos ter cuidado, pois isso pode levar a alguns extremos. Temos acompanhado gente sendo cancelada e até censurada por simplesmente escrever uma história na qual uma personagem feminina é grosseira com uma outra mulher. Daí surgem bobagens do tipo: "Como assim? Na era da sororidade, mulher não pode brigar com outra mulher!". Mas isso faz parte da vida, e ser grosseira ou brigar não está associado a sexo ou gênero. Isso é simplesmente uma questão de caráter ou até de circunstância. É preciso ter cuidado para não cairmos em um sistema de cerceamento criativo e radicalismos infundados.

Com relação a esse tema, a escrita para adolescentes, como a que a Thalita faz, adquire um papel muito relevante. A narrativa ficcional ajuda na adesão à causa e ativa a empatia em vivências reais. No momento em que produzimos conteúdo para livros, filmes, séries, estamos ajudando os jovens a pensar, a se colocarem no lugar do outro e a terem engajamento e ações que possam equilibrar a sociedade para uma condição melhor para todos.

Apesar de estar muito em pauta hoje em dia, o feminismo não é um movimento que começou agora. Estamos na chamada quarta onda do feminismo. Mulheres já foram mortas na Inglaterra do século XIX lutando por direito a voto, para citarmos apenas um exemplo da longevidade da luta desse movimento. Ainda no mundo de hoje, do século XXI, as mulheres produzem a maior parte da riqueza, trabalham tanto ou mais que os homens, vivem jornadas duplas ou triplas exercendo funções que ainda são associadas ao "papel da mulher", como, por exemplo, dar banho nos filhos, limpar a casa e preparar a comida.

O papel dos homens na sociedade vem mudando muito de um tempo para cá; já evoluímos, mas ainda há muito a ser feito. E é na adolescência que se cristalizam os valores para a vida – essa é a fase mais sensível à profusão dessas informações. É preciso educar as crianças e os adolescentes para que entendam que ser mulher não é uma condição de inferioridade, é simplesmente ser diferente.

Tudo isso deve também passar pela escola, que precisa abordar o que está em pauta no mundo. Thalita estava falando outro dia com a agente literária dela sobre os livros que já publicou e se deu conta de que, comparando coisas que escreveu no passado com outras que escreveu há cinco anos (basicamente ontem), muitos conceitos ela reescreveria devido justamente a essa mudança de entendimento de conceitos na sociedade.

Ela preferiu não alterar os livros, mas deixar um texto de apresentação contextualizando que aquilo representa a Thalita de 2015, por exemplo, que escreveu sobre o mundo de 2015, o momento que estávamos vivendo. *Fala sério, mãe*, um livro de 2004, é extremamente feminista quando a personagem Angela Cristina, mãe da Malu, fala: "Seu pai foi embora. Pagar boleto é difícil". Ela se desdobra para criar a filha. É bonito mostrar isso para as meninas que a leem há tanto tempo.

Thalita, aliás, escuta muito dos meninos: "Você escreve livros para meninas". E sempre pergunta: "Por quê?". Isso é um machismo muito estrutural, porque ela nunca deixou de ler *Marcelo, marmelo, martelo, O menino maluquinho*. Não só não deixou de ler como releu mil vezes e se colocou no lugar dos protagonistas, independentemente do gênero deles. É importante que as mulheres e homens feministas eduquem os meninos a serem mais abertos. Podem usar cor-de-rosa, ler livros com ilustração de meninas na capa, nada disso os diminuirá. Mães e pais: deem o exemplo!

Temos que ter muito cuidado para não fazermos mau uso da palavra *feminismo*, não aderirmos apenas às *hashtags*, e sim à causa no dia a dia. Caso contrário, prejudicamos o movimento. Mais uma vez, voltamos ao ponto: educação por meio do exemplo é tudo.

Dicas para pais e responsáveis: desarmem-se de preconceitos e ideias preconcebidas. Informem-se sobre feminismo, caso ainda não tenham tantos dados e conhecimentos sobre o tema. Busquem entender o que vem se passando no mundo, em sites e livros. Conversem com seus filhos sobre o assunto de forma descontraída, para entender o que eles pensam, e provoquem situações para trocar pontos de vista. Compartilhar informações e maneiras de ver o mundo pode criar um diálogo maduro, que vai surpreender a todos e fortalecer os laços familiares.

GRITOS

Gritar com alguém é uma maneira de manifestar fortemente uma frustração em relação a algo com que não estamos concordando. Mas também pode estar associado a uma atitude de intimidação, de domínio e poder sobre outra pessoa, em geral mais fraca ou dependente de quem se comunica dessa maneira. O grito soa, sobretudo, como uma ameaça, um sinal de alerta na interação das pessoas. Gritar é uma agressão que é até tolerada na sociedade – o que não significa que não deva ser vista como uma forma de comunicação violenta. O que sabemos definitivamente é que o grito atrapalha o processo de aprendizagem: a pedagogia do grito é falha e, em casos extremos, pode até ser traumática.

O jeito adolescente de bater portas e dar uns gritos com os pais ou com as pessoas da família tem relação tanto com um comportamento aprendido quanto com uma reação natural da fase que ele está vivendo. Quem vem de uma família que possui uma comunicação muito tumultuada e à base de gritos tende a repetir esse comportamento com muita frequência. É o ambiente típico para aquele adolescente que grita sempre que se sente frustrado ou desrespeitado pela família – que em geral grita de volta, provocando um caos geral.

Por outro lado, e já abordamos bastante o assunto, o adolescente tem destemperos de humor e descargas de raiva previsíveis e relativamente frequentes. Logo, é bem normal que alivie seu estresse gritando, não raramente também com chutes em portas, almofadas ou "agressão" a objetos, o que configura danos ao patrimônio, algo nada bom.

Tudo se encaixa dentro da tal "normalidade patológica" da adolescência. No entanto, agredir pessoas é absolutamente inaceitável em qualquer contexto. Esse comportamento de explosão deve ser sempre marcado pelos pais como um excesso. Sem dúvida alguma, gritos tensionam o ambiente – e locais tensos ativam áreas do cérebro que gerenciam o perigo. Quando estamos diante de algo ameaçador, nosso sistema nervoso fica em alerta, pronto para se defender. Isso acaba diminuindo a concentração em detalhes, pois a atenção fica difusa, alerta para responder a potenciais ameaças do ambiente. E é essa a atenção dispersa que acaba prejudicando as aprendizagens, já que aprender requer foco. Esse tipo de estimulação constante do cérebro acaba por enfraquecer as áreas de controle do impulso, e com isso ficamos mais propensos a atos impetuosos e agressivos.

Thalita vê uma cena muito comum em suas sessões de autógrafos: a hora da foto. Os adolescentes, sempre muito agitados com o momento, e também ansiosos, se irritam e chegam a explodir quando seus pais não cumprem a expectativa de tirar uma foto de nível "profissional". É comum vermos muitos adolescentes, sem um pingo de constrangimento, gritarem com os pais – que estão na fila há horas, em pé, por causa *deles*. Thalita já perdeu a conta de quantas vezes disse: "Não fale assim com sua mãe! Não fale assim com seu pai!".

Esse destrato aos pais é comum de acontecer. Sempre orientamos aos pais que imponham respeito. Pensem:

vocês deixariam uma pessoa em uma loja, na rua, ou um amigo seu fazer isso com você? Logicamente, não. Então por que o seu filho pode? Ainda por cima em público! Exija respeito: você não é um servo dele. Se esse comportamento for persistente, já anuncie antes de sair de casa: "Se você me destratar publicamente, eu vou virar as costas e vou embora". É simples demais resolver isso. Não tratou bem, não ganha atenção – e ponto.

Popularmente, se diz que, quando estamos inundados de raiva, devemos dar vazão e extravasá-la. Mas a ciência tem nos mostrado exatamente o contrário: quanto mais deixamos a raiva ser expressa por meio de gritos e agitações motoras, como bater portas e jogar objetos, mais sensível o cérebro fica para novas explosões. O exercício do autocontrole da expressão das emoções é importante nessa fase. Estamos falando aqui do controle da reação à emoção, já que controlar a emoção, em si, é um ato impossível. Extravasar só piora tudo – mas, infelizmente, com maior ou menor frequência, vai acabar acontecendo. Educar quanto à inadequação do comportamento é fundamental por parte dos pais.

Gritos só estimulam mais gritos. A pessoa acha que vai se sentir aliviada ao gritar, mas ela só vai ficar aliviada até o momento seguinte, quando o grito virá novamente – e isso vai gerar um círculo vicioso. Há um consenso entre terapeutas de que quem bate para educar ensina a bater, e exatamente a mesma coisa vale para o ato de gritar. Quem com grito fere, com grito acabará ferido, mais cedo ou mais tarde.

Dicas para pais e responsáveis: há muitos indícios de que, quando modulamos a nossa vocalização no gerenciamento de conflitos, tendemos a evitar maiores danos nas relações interpessoais. Isso quer dizer que a comunicação violenta estabelecida por meio de gritos não produz efeitos na aprendizagem, tampouco na internalização de limites. A comunicação violenta é baseada no poder. Assim, não estimula a empatia nas relações e acaba por ensinar que, no dia em que ascendermos a qualquer relação de poder, poderemos impor nossos desejos e frustrações usando de comunicação agressiva. A maneira de nos comunicarmos com nossos filhos demonstra cuidado e preocupação com o bem-estar deles e com o futuro da relação.

HIPERATIVIDADE

Muito se fala de criança hiperativa, mas não se fala tanto de adolescente hiperativo. A hiperatividade geralmente é diagnosticada na infância, e por isso se começa a tratá-la nessa idade, mas é considerada um fator de risco na adolescência. Se adolescentes já são impulsivos naturalmente, pela própria condição da fase, sua dose de impulsividade fica aumentada pela hiperatividade. Dessa maneira, seu filtro de impulsividade é diminuído pelo que se chama de uma redução na ação do freio inibitório de controle da impulsividade, *podendo ocasionar comportamentos impulsivos – e esse transtorno de conduta pode colocá-lo em situações de risco real.*

Uma dúvida muito comum é se a hiperatividade está sempre, invariavelmente, conectada ao déficit de atenção. Não – hoje não se acredita mais nisso. No passado, havia um subtipo de déficit de atenção (DDA), o DDA apenas, que em geral afetava mais as meninas. Era muito subdiagnosticado, porque crianças e jovens assim costumam ter desempenho escolar baixo, mas não chamam a atenção na sala de aula. Então, ficavam ali despercebidos – principalmente as meninas.

Entretanto, a hiperatividade traz consigo a impulsividade, e esta na puberdade ou até já na infância pode levar ao transtorno de conduta: transgressão, baixa tolerância à frustração e tendência a não internalizar e transgredir as regras.

O adolescente impulsivo é mais propenso a se envolver com substâncias psicoativas. A falta do filtro à impulsividade pode levá-lo a se envolver em situações complexas, como a transgressão, a agressão e as brigas. Ainda há outra característica: os impulsivos hiperativos gostam de coisas muito excitantes – por exemplo, o envolvimento em esportes radicais, que têm em si um alto risco de acidentes e até de morte. Se uma criança é hiperativa, isso não vai arrefecer quando ela entrar na adolescência. A hiperatividade tem um curso, um desenvolvimento que é bem previsível. Por isso se fala que a intervenção tem que ser o mais precoce possível.

A hiperatividade tem uma herdabilidade importante – um fator genético considerável. Por isso, pais hiperativos precisam ficar atentos se seus filhos serão hiperativos. É muito comum os pais dizerem: "Mas eu era assim e tudo bem". Pais têm mania de tentar atenuar as coisas, como no bullying: "Eu sofri bullying e estou aqui. Eu era assim, depois passou e melhorou". Não façam isso, pais. Procurem tratamento para seus filhos, pois é a única maneira de arrefecer e fazer diminuir a impulsividade. Hoje, há tratamentos combinados que envolvem psicoterapia e farmacologia que são considerados padrão ouro para esse transtorno.

A autoestima dos hiperativos costuma ser muito baixa, porque eles são rotulados desde pequenos como "demônios". Eles se veem como uma maçã podre, aquela que contamina todo o pomar: alguém ruim, que só faz coisa errada. Houve um pai atendido por Renato que apelidou o filho de "mão boba" por ser estabanado. O adolescente já é naturalmente estabanado com aquele corpanzil desajeitado que está aprendendo a manejar. O hiperativo é mais estabanado ainda.

Sabemos que existe muita controvérsia sobre diagnósticos excessivos de hiperatividade, assim como a desconfiança de que muitas crianças estão sendo medicadas em demasia ou sem a real necessidade. Renato sempre ensina aos seus alunos em treinamento parental, ou na escola de pais e preventivamente para casais ou pessoas que queiram ser pais no futuro, que se informem sobre o que é uma infância considerada normal.

Um teste rápido sobre a boa saúde mental na infância é: criança tem que ser curiosa, divertida, ter brilho nos olhos e ser ligeiramente agitada – porque isso é normal. O que acontece hoje é que qualquer criança normal, ligeiramente agitada, já "vira" uma criança com hiperatividade. Não, é uma criança como qualquer outra. O que temos aqui é outro diagnóstico: pais que não têm paciência com crianças e querem filhos calminhos, que não "dão trabalho".

Muitas escolas e educadores têm crianças ligeiramente agitadas em sala de aula. Esse é um ambiente propenso a ser um pouco agitado mesmo, o que é normal. Mas hoje há mesmo uma banalização desse diagnóstico de TDAH.

Os terapeutas brincam: "Temos que colocar ritalina na caixa d'água dos prédios e das escolas, porque é o que todo mundo quer". Seria um efeito zumbi: todo mundo sentado, quietinho, dentro da escola.

Mas vamos falar de quem é, de fato, hiperativo. Se você tem um filho pré-adolescente ou adolescente hiperativo, ele vai ter um prejuízo muito grande na vida. Sabe aquela criança que se torna o chato da família? Se há um churrasco com os parentes, todo mundo diz: "Nossa, eles vão vir com o Joãozinho? Socorro!". Porque o Joãozinho toca o terror. Ele não consegue parar, quebra tudo, mexe em tudo, é impulsivo, agride, não deixa as pessoas falarem. Ele é um ser ligado nos 220 volts em um ambiente de 110 volts. É muito complicado.

Aí o terapeuta pensa: "Bem medicado, esse filho pode ter uma redução, um freio inibitório mais ativo, e pode ter interações sociais mais saudáveis", porque recebe o título de "peste". Você gostaria que seu filho fosse visto assim? Ou poderia fazê-lo usar um medicamento e colocá-lo em terapia, para que desenvolvesse habilidades sociais e tivesse maior controle desse freio inibitório, conseguindo maior adequação social e sendo uma pessoa querida pelos outros? Seu filho não precisa sofrer repulsa social por todos se existe uma medicação que pode ajudá-lo no controle do transtorno, fazendo com que se torne uma pessoa agradável. O que você faria?

Os primeiros estudos mostravam que a terapia cognitivo-comportamental não tinha efeito. Só que hoje sabemos que a psicoterapia tem na verdade um efeito mais lento, a médio e longo prazo. Por isso, é preciso ter estimulações diárias. É quase como uma reabilitação neuropsicológica, de estimulação de áreas específicas –freio inibitório, processamento metacognitivo, controle de impulso, substituição de comportamentos impulsivos por outros mais adequados. Hoje, o tratamento ouro recomendado em literatura médica para casos de hiperatividade e déficit de atenção é uma combinação entre fármaco e terapia.

Os medicamentos têm efeito imediato – inclusive de curta duração. Eles são diferentes de um antidepressivo, que requer de quinze a vinte dias para que o organismo se adapte. A medicação dura um período – por exemplo, de manhã, depois se toma uma outra dose à tarde, ou se toma uma dose maior que dura de dez a doze horas.

Existia na psiquiatria uma discussão. Imagine que você é mãe do Pedrinho, que é hiperativo. Vocês saem de férias para um resort e perguntam para o psiquiatra que está medicando o Pedrinho: "Estamos saindo de férias, quem sabe agora a gente dá um tempo na medicação?". Ainda há uma corrente dividida na psiquiatra que diz que é possível dar essas pausas no remédio, enquanto outras afirmam que não se deve fazer pausas, mas manter o uso contínuo. É como se o adolescente fosse um fármaco-dependente, assim como relação à insulina, porque Pedrinho pode tornar as férias do resto da família um inferno pela falta de medicação.

É preciso entender também que, além do Pedrinho, há uma família inteira estressada e cansada. É outro efeito muito ruim para crianças hiperativas, que chamamos de abstração seletiva. Você começa a prestar a atenção em tudo de ruim que o filho faz e não enxerga mais suas virtudes, seus vigores psicológicos.

Entrevistando pais de hiperativos, vemos que são pais exaustos, que dizem: "Ele é um terror", e desfilam uma sucessão de inabilidades e inadequações. Em um momento, o terapeuta pergunta: "Me dê uma característica positiva do seu filho". Os pais ficam chocados, se olham e respondem: "Ah, ele é muito carinhoso" ou "Ele é muito bom no esporte". Às vezes, os hiperativos se dão bem nos esportes. Ufa, que bom, há alguma coisa boa! Esse comportamento afeta o sistema familiar como um todo.

Os Estados Unidos são os maiores consumidores de fármacos em geral e de remédios para hiperatividade no mundo. O Brasil já está entre os três primeiros consumidores, o que é um mercado imenso. Estudos mostram que uma alimentação rica em ômega 3, saudável e orgânica, livre de metais pesados, ajuda a equilibrar o comportamento dos hiperativos – juntamente com exercícios físicos regulares.

Se você faz uma análise de urina de um adolescente que come orgânicos e uma de um adolescente que não os ingere, terá a presença de metais pesados de agrotóxicos nesta última. Os hiperativos têm muita dificuldade de concentração, mas, quando desenvolvem práticas meditativas ou de *mindfulness*, com muito treino, ou práticas como yoga e uma socialização mais saudável, com atividades que não sejam extremamente excitantes, estará estimulando seu cérebro como uma verdadeira reabilitação.

O tratamento de um hiperativo é algo que deve ser pensado a médio e longo prazo. É um tratamento de persistência, uma estimulação permanente, constante, usando elementos multifatoriais, práticas meditativas e orientais de relaxamento e respiração, além de controle da alimentação. É importante buscar um nutricionista que entenda disso e possa fazer uma alimentação, por exemplo, rica em ômega 3 – alimentos conhecidos como neuroprotetores.

Existem também comportamentos hiperativos que se confundem com episódios de ansiedade. Adolescentes ou aqueles entrando na adolescência, muito ansiosos e com dificuldade para dormir, deitam a cabecinha no travesseiro e começam com aquelas preocupações: "E se...? E se meus pais morrerem? E se eu ficar sozinho no mundo?".

O que a ansiedade faz? Agita o organismo. O ansioso

não relaxa, tem o sono perturbado. E com a alteração do ritmo circadiano, que é a necessidade que temos do ciclo de vigília e de sono, tudo se desregula.

Nosso organismo adulto precisa de em média oito horas de sono por dia. O adolescente precisa de mais. Quando você quebra isso, o sono é cortado. Dormiu duas horas, acordou, depois dormiu mais três horas, acordou novamente, voltou a dormir duas horas... Isso o torna mais agitado no outro dia, mais desatento e impulsivo. Percebem a confusão diagnóstica que pode haver aí? Podemos ter um sujeito ansioso que está excitado no outro dia.

Outra coisa que confunde o diagnóstico são crianças passando por estresse pós-traumático ou em ambientes violentos, abusivos. Por exemplo, a mãe ou o pai que troca de parceiro de tempos em tempos, parceiros que batem na mãe ou no pai, que fazem confusão. Os jovens têm um ambiente agitado, perigoso ou abusivo dentro de casa. Nosso sistema de defesa tem uma característica que pode nos deixar mais suscetível ao que chamamos de hipervigilância e hiperexcitação autonômica. Isso deixa o jovem desorganizado e mais agitado, e consequentemente ele dorme pior e tem maior tendência à impulsividade.

O erro de diagnóstico em saúde mental pode ser muito grande. Na saúde mental, assim como na física, existem uma série de sintomas compartilhados entre diversos problemas. Buscamos uma ferramenta diagnóstica, que se chama "diferenças que fazem a diferença". Por exemplo, todos os transtornos de ansiedade – ansiedade generalizada, fobias, estresse pós-traumático – apresentam manifestações de ataques de pânico em determinadas situações. Se alguém tem fobia de pegar elevador, por exemplo, diante de um elevador a pessoa pode ter um ataque de pânico. Mas existe o chamado transtorno do pânico com agorafobia, que é a dificuldade de ficar em um lugar onde há concentração de pessoas. *Agora*, em grego, significa "praça". Os gregos se juntavam em praça pública para discutir política. Medo de aglomeração de pessoas, isso é agorafobia. Transtorno do pânico com agorafobia. Existe pânico em todos os transtornos de ansiedade, com manifestação de pânico, mas para ter transtorno do pânico com agorafobia é preciso que a pessoa comece a ter medo do medo. "Eu estou com medo de sentir aquilo de novo". O medo do medo é a diferença que faz a diferença.

O hiperativo é ligado em 220 volts o tempo inteiro, não relaxa em determinados momentos. Ou está entristecido, ou está agitado. Isso pode ser o que chamamos de bipolaridade infanto-puberal, ou pode ser bipolaridade na adolescência.

O adolescente é constante. Em geral, para critérios de diagnósticos, é preciso envolver algum membro da família, em geral, pai ou mãe, e essas são também as diferenças que fazem a diferença. É preciso entender aquele comportamento contínuo, de modo linear, conhecer a história da criança. Entender se começou a aparecer na infância já, ou na transição de infância para a puberdade.

O comportamento hiperativo tem a ver comum certo nível de imaturidade do cérebro, principalmente nas regiões órbito frontais (do córtex pré-frontal) e do dorso lateral. É preciso que seja devidamente diagnosticado e tratado para melhorar a qualidade de vida do paciente e de todos ao seu redor.

Dicas para pais e responsáveis: busquem tratamento. Entrem até em terapia familiar, se houver recursos para isso. Não é preciso muito dinheiro para fazer terapia. Existem muitos centros públicos e privados gratuitos que oferecem terapia de altíssima qualidade. Os hiperativos também precisam gastar energia, com esportes e atividades ao ar livre que de fato os façam extravasar. Ao mesmo tempo, também são necessárias tarefas que requeiram concentração e calma, como as práticas meditativas. É importante termos em mente que problemas crônicos precisam de tratamentos multifatoriais: quanto mais recursos em campo, melhor.

IDENTIDADE

Somos reconhecidos pelas pessoas não apenas pela nossa aparência física, mas sobretudo pelos nossos atos. O jeito como conduzimos nossa vida, como expressamos nossas opiniões, carregadas muitas vezes de moral, julgamento, críticas ou concordâncias e elogios, é o que nos torna reconhecíveis pelos nossos familiares, amigos e parceiros. Chamamos isso de identidade, ou ainda de personalidade. A origem disso está também na nossa genética, mas principalmente nos modelos afetivos, sejam positivos ou negativos, com que vamos interagir desde o nascimento até o final da adolescência. Exemplo: constância e estabilidade de conduta fazem toda a diferença quando estamos construindo quem somos. Na adolescência, com toda a autonomia de ir e vir, de interagir e de escolher que o jovem descobre, muitos valores irão balançar. Afinal, o treino está acabado e o jogo para valer já começou. Precisamos sacudir a poeira e ver o que ficou disso tudo. A vida adulta espera o adolescente, e identidade é quem realmente somos.

A identidade, quando formada, vai definir todo o posicionamento da pessoa no mundo, e a adolescência é o período do amadurecimento final desse processo. Por isso, a questão é crucial. O adolescente está em fase de teste final para o desenho básico da sua identidade, da sua personalidade, e a essa altura isso ainda não está finalizado.

A identidade se forma por meio de um conjunto de valores morais que vão sendo internalizados desde a tenra infância e reforçados com exemplos parentais e também de pessoas emocionalmente próximas a nós. Todavia, o processo não é simples. A seleção dos traços que serão a base da identidade vai ocorrer mais pelas identificações emocionais do que pela mediação de experiências conscientes. Portanto, fica difícil controlar o que terá maior ou menor peso.

O jogo ainda está sendo jogado, e isso explica o motivo da inconstância e da impermanência das convicções adolescentes. Vamos usar um exemplo para ilustrar como ocorre. Uma das características mais frequentes na adolescência se chama senso de justiça. O adolescente tende a ser um justiceiro de inúmeras causas, algumas até sem sentido. Observe quantas das bandeiras que são levantadas na adolescência permanecem ao longo da vida das pessoas adultas. Esse é um grande exemplo da impermanência das ideias e das causas. Dificilmente militâncias que se iniciaram na fase jovem da pessoa permanecem vida adiante. Isso repercute, inclusive, na escolha profissional. Os adolescentes são levados a escolher uma profissão para a vida em um momento em que muitas vivências são meramente experimentais, ou seja, muitos deles ainda não estão preparados para decidir coisas de grande relevância, como uma carreira.

Muitos dos posicionamentos deles são opostos aos valores da família exatamente como uma forma de contestação, propositalmente para bater de frente com pais e parentes. Isso é muito comum, e muitos pais se escandalizam quando adolescentes aderem a posturas e ideias, sejam elas religiosas, políticas, culturais etc., que são radicalmente diferentes das suas. Claro que aqui não estamos nos referindo a questões morais que envolvam transgressões legais, mas falando em pôr em xeque os costumes da família de origem: pais religiosos versus filho ateu, família capitalista versus filho anticapitalista (ou vice-versa: os polos podem estar alternados, mas sempre sendo opostos).

Bater de frente serve para que os jovens testem a estabilidade dos valores pregados pela família e o quanto a família de fato é coerente com o que prega. Por exemplo: um pai que condena o filho que flerta com a maconha, mas bebe litros de uísque. O que estamos tratando aqui é da credibilidade que se passa nos costumes.

Existe até uma beleza nisso tudo, pois são muitos os ideais criados por jovens que ajudam a sacudir o mundo no melhor dos sentidos. A militância jovem tem feito uma grande diferença na luta contra os efeitos das mudanças climáticas, a favor da ecologia, pelos direitos dos animais e contra a homofobia e a xenofobia. Isso é realmente lindo, e o fôlego do jovem motiva bastante os mais velhos. As condutas empáticas expostas na adolescência tendem a se manter estáveis, e isso é bem diferente de rebeldia sem causa. Portanto, todos os movimentos adolescentes coerentes com os valores humanos devem ser festejados por todos. Lembremos que a moral e os valores éticos sociais se cristalizam nessa fase da vida.

Sempre dizemos aos pais: veja quem seu filho está idolatrando e verá como ele anda pensando e agindo no mundo. Os ídolos do seu filho dizem muito sobre ele. Por mais que você possa detestá-los, entenda que muitas dessas identificações são passageiras. O adolescente com boas bases de valores e exemplos estáveis saberá filtrar os excessos de condutas inadequadas para a vida, mesmo que tenha flertado com elas em algum momento do seu amadurecimento. Vale a máxima de não tomar como definitivas condutas adolescentes tendenciosamente temporárias.

Dicas para pais e responsáveis: nessa fase sensível e instável da vida de seu filho, quanto maior for a estabilidade dos pais, melhor. Falamos da estabilidade de valores, de condutas e das regras que norteiam a casa. Muitas oscilações e bandeiras que o adolescente levanta por vezes nos soam assustadoras. Isso pode não querer dizer absolutamente nada, mas quanto maior a resistência dos pais, mais tentadora fica a causa a ser defendida. O adolescente é um ser que precisa convencer, sobretudo os pais, da nobreza da sua causa – e o quanto eles não entenderem isso demonstrará o quão incapazes e às vezes insensíveis eles são. Entenda que essa necessidade imensa de convencimento do outro deriva justamente da instabilidade de um sistema que não se garante por si só. Entenda, acolha, tenha ouvidos e olhos abertos nessa fase, pois isso pode revelar aprendizados muito bonitos, que vão desde conhecer outras culturas, músicas, costumes que eram totalmente diferentes na sua época. Há muita beleza nisso: precisamos aprender a olhar com compaixão, acima de tudo, para essa identidade que está se formando. Que sejamos acima de tudo excelentes modelos de afeto e acolhida.

JOGOS ELETRÔNICOS

Pensar em adolescentes nos dias de hoje e não os associar a jogos eletrônicos é quase impossível. A facilidade de acesso a smartphones e a outros dispositivos eletrônicos é imensa, o que acaba sendo um tipo de armadilha que direciona o jovem a "passar o tempo" enquanto não tem outra coisa a fazer. A indústria de jogos eletrônicos coloca ao alcance de todos um menu com uma diversidade incrível de entretenimento, a ponto de, se você enjoar de um jogo, ter vários outros disponíveis para continuar "se divertindo".

Definitivamente, temos um enorme problema a ser resolvido. A Organização Mundial da Saúde passou a considerar os jogos eletrônicos como uma forma de adicção, ou seja, uma atividade que causa vício e dependência. Jogar de modo compulsivo sempre foi considerado uma adicção, mas ter na palma da mão uma miríade de jogos disponíveis e oferecidos a um cérebro que ainda está se formando, e, portanto, é muito vulnerável à dependência, torna a questão sensível a ponto de ser uma temática de saúde pública contemporânea.

Precisamos debater a relação do adolescente com os jogos eletrônicos. A massificação e a popularização dos computadores, que ocorreram lá pela década de 1980, contribuíram para a formação do cenário que temos hoje. Sistemas computacionais na forma de consoles, específicos para jogos, chegaram ao mercado passíveis de compra em infinitas parcelas. Todavia, eles ainda não eram portáteis, o que os limitava ao uso doméstico como um entretenimento. Depois do advento dos smartphones, entretanto, jogar se tornou possível em qualquer lugar: no ônibus indo para a escola ou ainda, incrivelmente, até na sala de aula durante as disciplinas que são consideradas "chatas".

Vamos falar dos riscos e das consequências imediatas disso. O que você acha que tende a acontecer quando se oferece com fartura e disponibilidade uma "substância" que pode causar dependência facilmente, principalmente a um cérebro vulnerável ainda em formação? O pior. Mas vamos especificar algumas das reações negativas aqui.

O jogo eletrônico sempre tem um sistema de gratificação intensa, e nunca se ganha apenas uma "moeda", mas centenas delas. Isso é um truque que deixa o cérebro sedento por mais desafios. Quem desenvolve jogos entende a psicologia da coisa. Jogos promovem um foco atencional intenso e aceleram as funções cognitivas, a ponto de provocar um déficit de atenção, que requer um aprendizado mais lento e gradual.

Isso gera um enorme impacto na socialização dos adolescentes, principalmente nas suas habilidades de relacionamento interpessoal, uma vez que eles estão com as "janelas" do cérebro abertas para adquirir ferramentas de habilidades socioemocionais. É uma fase da vida bem importante para esse tipo de aprendizagem. O jogo tira o adolescente da vida real e não é considerado, tecnicamente falando, uma forma de interação social, por mais que você esteja jogando virtualmente, em rede, com muitas outras pessoas ao mesmo tempo.

Sendo assim, adolescentes frequentam pouco a rua, interagem menos com seus pares, ficam dentro de prédios, casas e condomínios por questões de segurança e, o pior, ficam dentro de seus quartos em frente a algum tipo de tela que entrega a eles a chave de acesso a um incrível mundo virtual, muito distante do real. Sendo assim, deixam de aprender e adquirir as tais ferramentas sociais, tão necessárias para a vida adulta que virá.

Os casos de transtornos mentais que envolvem automutilações e dificuldade de acatar regras e limites acometem a juventude com índices cada vez mais elevados, interferindo na compreensão e no índice de leitura, na fluência e no repertório verbal, que decresce, e na menor capacidade de regular as emoções e de atingir o desejado bem-estar.

Recentemente, discutiu-se entre especialistas, em um congresso de infância e adolescência presidido por Renato, a hipótese de o cérebro do adolescente e da criança estar sofrendo mudanças principalmente em decorrência dos novos comportamentos ligados aos hábitos urbanos adquiridos nos últimos anos, incluindo o que acabamos de descrever. Temos achado que essa tese pode ter muito fundamento, e o futuro nos dirá. O remédio para isso seria um "detox digital", por meio da limitação de horas com jogos eletrônicos, mas dando ao adolescente um cardápio de ofertas diferentes para estimular as descobertas de coisas novas.

No início, eles acham sem graça; mas depois, pela constância e rotina, acabam pegando gosto pelo novo. Vivências sociais e familiares são prescritas para combater esse problema. Sempre recomendamos o estímulo por meio de todas as formas de manifestação artística do convívio criativo com pares, seja cozinhando, inventando e criando coisas novas, jogando jogos imaginativos e de tabuleiro, além, é claro, do esporte, que sempre acaba sendo uma enorme possibilidade de salvar muita gente desencaminhada. Outra coisa é que a escola, novamente ela, pode atuar de modo muito positivo, estimulando e ensinando habilidades socioemocionais, artes e esportes. Temos saída, sim, e precisamos ser sempre otimistas sobre assuntos dessa natureza. Devemos apostar sempre nesse trio – educação, arte e esporte – para que as coisas mudem efetivamente.

Dicas para pais e responsáveis: se você perceber um comportamento excessivo de isolamento do seu filho associado aos jogos eletrônicos, aja para combater isso. Sua postura diante do problema fará toda a diferença na saúde mental dele. Não estamos falando de proibição total, pois seria impossível, mas de dosagem de tempo passado em frente a uma tela. Quanto maior o tempo gasto em jogos, menor a interação com seus pares e a vivência no mundo real. Busque que o jovem pratique ações com interação social, atividades artísticas e culturais, que passe tempo em família fazendo coisas juntos, para abrir um universo diferente, despertando seu interesse pelas pessoas e o prazer que o convívio proporciona. Se a situação já está em limites excessivos, busque ajuda profissional, e não ignore nem minimize o problema.

LEITURA

Ler ainda é uma das formas mais interessantes e importantes de transmissão cultural. Amplia o mundo interno, pois permite a imaginação, a criatividade e a capacidade de projeção futura. Ler permite identificação com conceitos e valores acerca do que se lê. A leitura proporciona uma contextualização histórica e nos situa de modo mais ativo no mundo em que vivemos. A leitura pode se tornar uma excelente maneira de exercitarmos nossa cidadania, pois nos torna mais ativos socialmente e mais críticos com o que nos é apresentado ao longo da vida. Ler nos permite estarmos sozinhos, mas sem sentirmos solidão. E esse saudável hábito deve ser estimulado para os adolescentes, em contraposição ao crescente domínio digital que nos torna mais passivos e menos críticos com todo tipo de informação que as redes sociais nos despejam no dia a dia.

Gostar de livros e de ler envolve hábito e investimento nessa prática. Tudo o que fazemos de modo rotineiro fica internalizado, tudo aquilo que treinamos acabamos fazendo bem – e nos tornamos bons naquilo.

Precisamos considerar que, em termos de leitura, criança é uma coisa e adolescente é outra. Na infância, é mais comum as crianças estarem próximas dos livros, que hoje só faltam soltar fogos. Isso começa a mudar de oito para nove anos, pela percepção da Thalita, pois é quando acabam as ilustrações. O livro para a criança pequena é um objeto lúdico e um entretenimento que, geralmente, está ligado à atenção dos pais, porque eles estão assessorando, lendo e brincando junto. Ele acaba sendo um aparato através do qual a criança ganha atenção dos pais.

Quando se trata de crianças, os pais as colocam no colo e leem juntos, principalmente antes de dormir. Mas quando a criança cresce e chega à adolescência, esse momento não é mais compartilhado - e o livro parece perder a graça. É aquela fase da vida em que começa o corte do cordão umbilical, e o adolescente quer se distanciar. Ele não vai mais ler no colinho do pai, fica chato.

Quando as crianças são maiores e aprendem a ler, a leitura acontece sem os pais, é uma atividade individual. E até a adolescência, se não há incentivo em casa, é na escola que há mais estímulo - ou obrigatoriedade - de leitura, o que pode ser algo positivo ou negativo, dependendo do que se indica (ou se obriga) a criança ou o adolescente a ler. Por isso consideramos que, em geral, o hábito da leitura começa na infância ou na adolescência, mas é claro que existem as exceções, e muito honrosas.

Quando falamos em hábito e em aprendizagem, falamos em modelos de comportamento: é o exemplo parental que vai valer muito aqui. Ler é um hábito e, como qualquer outro, deve ser incorporado, assim como o exercício físico ou escovar os dentes. Se o hábito da leitura não foi cultivado na vida de um adolescente, ele não terá uma cultura voltada para a leitura. De um modo geral, casas que têm pais leitores formam filhos leitores. Mas há muitas casas de pais não leitores que têm filhos leitores, pois hoje a (boa) influência pode vir, além da escola, também pelas redes sociais.

Comportamento humano geralmente é uma "conta que não fecha". A educação dos filhos segue caminhos que nem sempre chegam ao local desejado, e há muitas possibilidades de desvios na rota. O cuidado e o investimento de estarmos juntos para ler e estudar praticamente desaparece na adolescência, e poucas famílias cultivam isso.

Em relação a ler, especificamente, a possibilidade de sucesso é maior quanto maior for o número de agentes educacionais em campo, como pais, escola, políticas de estado com fomento à cultura etc. E dar o livro certo na hora certa, aquele que fará a criança ou o jovem apaixonar-se por uma história e ter despertado o prazer de ler. Não há grande mágica. Os livros da Thalita fizeram esse papel em muitos casos – e seu sucesso foi falar sobre o dia a dia, sem tramas complicadas. Seus personagens são pessoas comuns, com questões comuns de adolescentes, seja lá onde vivam. Além disso, ela escreve sem julgamentos e sem ditar regras, sem moralismos (o que os adolescentes detestam), sem dizer "leve o agasalho, não se drogue, não fume maconha, não cheire cocaína", e assim os adolescentes acabam se identificando imediatamente com seus personagens.

Thalita ensina os jovens e ainda os faz pensar com sua escrita. E ama quando o adolescente tira as próprias conclusões a partir da leitura, quando vai ao dicionário na busca por aprender palavras novas (agora pela internet!).

Muitos pais perguntam à Thalita: "O que eu faço para meu filho gostar de ler?". Ela sempre pergunta: "Do que o seu filho gosta?". "Meu filho ama futebol." "Você já deu um livro sobre futebol para ele? Uma biografia de um jogador?" Às vezes, o menino não gosta de livro, mas vai gostar de quadrinhos sobre futebol. "Minha filha só quer saber de moda." Dê livros sobre moda. Você tem que entender do que seu filho gosta. Não adianta enfiar um Graciliano Ramos goela abaixo dele. E não pode debochar dos livros que ele lê: "Esse livro não vai te levar para lugar nenhum". Para cultivar o hábito, o adolescente, que é tão arredio, só vai gostar se estiver lendo algo que lhe diga respeito. Se o filho ama rap, dê um livro de rap para ele ler, para entender a origem do rap, como o rap nasceu.

Hoje temos acesso a tudo pelo conteúdo digital. O filho do Renato ama o Neymar, por exemplo, e um dia ele estava vendo um documentário sobre o jogador em uma plataforma digital. Todos os conteúdos, hoje, têm documentários nos streamings ou em qualquer outra plataforma. Dar livros de assuntos que os interessam acaba sendo uma tentativa de fazer um adolescente começar a gostar de ler.

Por que batemos na tecla de que as pessoas devem ler? Porque a leitura estimula funções cognitivas, da imaginação, da projeção temporal, da ativação emocional, e é um estímulo que faz com que as pessoas aprendam a pensar melhor e a se comunicar melhor. A pessoa que lê mais tem mais vocabulário, pode ter um desempenho melhor na profissão e nos relacionamentos sociais. Ler não é apenas uma questão de cultura ou erudição. O exercício que a leitura propõe é excepcional. O leitor tem que criar a história, o cenário, dentro da sua cabeça, a partir do que ele está lendo, e isso é um grande exercício mental de projeção e abstração cognitiva.

Dicas para pais e responsáveis: se você considera importante o hábito da leitura, seja um exemplo e um estimulador. Leve seu filho a livrarias, peça que ele escolha livros de assuntos que chamem sua atenção. Não julgue suas escolhas, incentive que ele leia ao menos uma ou duas páginas por dia, no horário que ele escolher – que pode ser inclusive antes de dormir. Você pode ainda estabelecer um momento no qual vocês se sentam juntos, que seja por dez minutos, para ler lado a lado. Peça que ele fale resumidamente sobre o que leu. Fale do seu livro também. É importante lembrar que leitura é um hábito que deve ser cultivado e estimulado pelos pais, pela escola e por atividades culturais diversas. Feiras do livro e bienais são interessantes por terem palestras com os autores, em que é possível conhecer quem escreveu o livro, o que é bastante estimulante. Devemos lembrar que a tarefa da leitura acrescenta um ferramental importante na estimulação cognitiva e na capacidade de comunicação de seu filho.

MASTURBAÇÃO

Masturbação é um ato normal e saudável na vida das pessoas. Costuma aparecer já nos primeiros anos, quando somos bem pequenos. Crianças descobrem seus corpos cedo e percebem seus genitais como fonte de prazer. O jogo masturbatório se dá, muitas vezes, por meio de manipulações ou fricções corporais, em busca de uma gratificação desconhecida até então, o que pode ser considerado como um ensaio para a vida sexual futura. Na adolescência, é muito comum. É a fase da profusão e dispersão hormonal em larga escala, e é justamente nesse momento da vida que o ato sexual costuma ocorrer pela primeira vez. Com o aumento do disparo dos hormônios na adolescência, é esperado que o interesse por assuntos sexuais se intensifique e, consequentemente, a masturbação seja um comportamento também natural e frequente.

Antigamente, de modo bem tímido, se cochichava sobre o tema da masturbação. "Ah, mas os tempos mudaram, e hoje é diferente", alguém poderia pensar. Não. Mesmo atualmente, em pleno século XXI, o tabu em torno do assunto continua grande. Masturbação ainda é um assunto tabu, e definitivamente é preciso discutir e falar mais sobre ele, até para quebrar todos os melindres e preconceitos em torno do tema. Deveria ser tratado de modo sério, profundo, principalmente nas escolas, já que muitos pais não se sentem à vontade para tratar dele com seus filhos e filhas.

Infelizmente, por tudo isso, hoje falar em sexo, masturbação e educação sexual nas escolas e até nas redes sociais é delicado. Parece que as pessoas em geral e os educadores evitam tratar abertamente e colocar a matéria na grade curricular por medo de serem mal interpretados, pois muita gente ainda acha que, em vez de educar ou esclarecer, falar sobre sexo para crianças e adolescentes significa estar instigando neles uma sexualidade precoce – o que é um enorme absurdo. É exatamente o contrário. Informação adequada para cada fase da vida esclarece, desmistifica, sacia a curiosidade e protege, principalmente em relação a abusos e crimes sexuais. E é largamente sabido que a imensa maioria dos estupros, abusos e crimes sexuais com crianças e jovens acontecem em casa, cometidos por pessoas próximas, como parentes e cuidadores.

Os pais não devem confundir desconforto em tratar desse assunto e de outros com repressão. Sabemos que para alguns adultos pode ser desconfortável falar com filhos sobre sexo, separação conjugal, morte, testamento, mas todos esses são assuntos necessários de serem abordados em determinados momentos. Com a masturbação não é diferente. Porém, o assunto não deve ser tratado nunca de modo repressivo, pois isso pode afetar o comportamento e a vida sexual futura de seus filhos e pode perpetuar dificuldades e preconceitos pelas próximas gerações. Se houver dúvidas ou constrangimentos, os pais podem até solicitar a ajuda de médicos ou médicas ginecologistas, de terapeutas, de psicólogos, de sexólogos, mas nunca transmitir seus traumas, preconceitos ou problemas para os filhos em forma de repressão.

Sexo e masturbação são assuntos muito sérios. Sexo é prazer, sexo é vida, sexo é natural, e o sexo começa de modo individual na masturbação. Esse tema deveria ser tratado por sexólogos, que têm propriedade para falar dele, e de modo muito mais amplo na sociedade. Coibir o prazer sexual é um tipo de mutilação, e por isso o tema deve ser abordado com uma das mais gratificantes fontes de prazer do ser humano. É só depois da autodescoberta, do sexo individual, que o ato sexual será compartilhado com outras pessoas. Até então, ele é um comportamento individual mesmo, e precisa ser não só compreendido como estimulado, pois é natural e legítimo.

Recentemente, fizemos uma pesquisa sobre o tema com adolescentes mulheres do sul e sudeste do país, e qual foi nossa surpresa ao ouvir de uma grande parte da amostra que muito poucas garotas entre catorze e dezesseis anos se masturbavam – e quase nenhuma falava entre as amigas sobre o assunto. A razão disso talvez esteja na obsessão pela estética corporal, na cobrança por um corpo perfeito, em questões morais e religiosas, ou talvez um pouco de tudo isso junto. O fato é que a falta de masturbação dificulta as descobertas das questões sexuais nessa fase, mesmo com tantas informações disponíveis. As meninas ficam muito focadas em suas falhas e imperfeições corporais em vez de se ocuparem com seu autoprazer.

O mundo está desenhado atualmente para a exibição narcísica e para o encanto ao outro, mesmo que de modo fugaz. Vemos isso muito na cultura dos likes nas redes sociais. Ter tido muitos likes no penúltimo post perde a graça se a última publicação foi um fracasso. Todos pensam em mostrar o "melhor" de si em uma publicação, ainda que seja editada ou maquiada, aquilo que acham que vai agradar aos outros – e a alteridade, por sua vez, some nesse processo.

Os garotos, por outro lado, se masturbam normalmente, e isso é aceito socialmente. São até fonte de piadinhas por parte dos mais velhos. E sempre foi assim, até como uma afirmação da masculinidade. São piadas do tipo: "Cuidado, está fazendo tanto que vai nascer pelos nas suas mãos". São gracinhas que constrangem, é verdade, mas são sinal de que pelo menos o assunto é falado no mundo masculino. Já com as garotas ninguém brinca e nem toca no assunto. Já imaginou uma família conversando sobre masturbação, comentando com uma filha em um churrasco de domingo? Não dá para imaginar a cena. Mas com os meninos isso é mais comum.

O fato diz muito sobre uma sociedade que ainda tem de modo muito, mas muito arraigado mesmo o machismo estrutural na sua base educacional. Menina demonstrar interesse por sexo pode ser assustador e interpretado como algo leviano. Já os meninos recebem reforço social para isso. O que nos chama atenção é que os pais dos adolescentes de hoje não são muito diferentes, pelo menos nesse tipo de assunto, do que os nossos pais eram e se comportavam quando jovens nos anos 1970.

Em uma consultoria que fizemos com uma ginecologista de adolescentes, levantamos alguns dados recorrentes: a primeira relação sexual não costuma ser prazerosa tanto para as meninas quanto para os meninos. Afinal, o sexo fica melhor com a prática e com o autoconhecimento, mas isso não é novidade para ninguém. O ponto importante aqui é a falta de autoconhecimento e de exploração masturbatória, principalmente das garotas, que não conhecem seu corpo e não sabem obter prazer com ele.

No consultório do Renato, ele costuma presenciar muita angústia de pais de meninas com assuntos relacionados a sexo. Já com os meninos, essa nunca foi uma temática muito presente nos atendimentos. O que tudo isso mostra é que não estamos sendo eficientes na educação sexual com nossos adolescentes. Não basta ensinar sobre camisinha, ISTs, gravidez e tudo o que o sexo pode trazer de perigoso. A matriz da educação sexual precisa mudar, ou então continuaremos repetindo os comportamentos inseguros das gerações passadas. Por isso, temos que mostrar também para os adolescentes o que o sexo pode ter de prazeroso.

Dicas para pais e responsáveis: o prazer sexual é uma das coisas mais gratificantes que há na vida. Porém, ele só é possível com a autodescoberta, com a autoexploração e com a autoaceitação do corpo, e isso ocorre, principalmente, através do ato masturbatório. A masturbação deve ser encarada como um ato saudável e uma prática que acompanha as pessoas ao longo das suas vidas. O ato masturbatório deve ser coibido apenas se estiver ocorrendo de modo público e compulsivo. Fora isso, ele deve ser aceito pelos pais como um ato absolutamente corriqueiro. Se você tiver dificuldade de lidar com esse assunto, procure um profissional especializado que possa orientar você e sua família e ajudá-los a tratar do tema com seus filhos e filhas.

MEDOS E FOBIAS

O medo é uma emoção: seu papel básico é o de preservação da vida. Ele nos proporciona a capacidade de discriminarmos e avaliarmos as situações que podem nos oferecer risco e vulnerabilidade. Num modo mais básico, ele serve para análise de resposta de defesa, de luta ou de paralisia diante de predadores ou situações ambientais incontroláveis. Já no processo de socialização, o medo avalia e comunica aos demais membros do grupo não apenas aquilo que pode ser perigoso fisicamente, mas também aquilo que pode nos colocar em vulnerabilidade social diante dos nossos pares.
A fobia é um tipo de medo específico, focado em tópicos: fobia social, que é o medo do julgamento alheio: fobia de elevador, acrofobia (alturas), fobia de animais etc. Ela geralmente é irracional, ou seja, sem uma explicação aparente, mas costuma provocar muita ansiedade ou esquiva relacionada ao objeto fóbico.

Há uma fobia que é normal, esperada na adolescência, que é a fobia social. Fobia social é aquela vergonha excessiva, o medo do escrutínio, do julgamento do outro, o medo de a sua aparência não ser aceita e de ser julgado. O medo de o que se diz ser interpretado como babaquice, besteira. O adolescente tem uma inibição porque não tem autossuficiência ou autonomia. Não tem autoeficácia ainda, uma sustentação de personalidade, do *self*, que dê a ele segurança. É muito difícil um adolescente chegar em um grupo de adolescentes que gostam de uma música A e dizer: "Eu gosto da música B". Isso não é do adolescente, é muito atípico da adolescência, porque ele está constituindo o seu *self*.

Adolescente tem medo de ser julgado pelo que gosta. Ele não tem ainda essa audácia para sustentar o que gosta e ponto final. O medo do que eu gosto ser julgado pelo outro como uma babaquice é bem presente. Aliás, isso aparece no filme *Confissões de uma garota excluída*. Tem uma garota "popular" que adora a série (fictícia) *Star Generation*, e, quando ganha de um menino um livro raro sobre o programa, ela diz: "não conta pra ninguém que eu gosto disso, porque isso é coisa de nerd". Ela jamais sustentaria sua preferência diante da sua melhor amiga, a dominante Valentina, que dita a moda e os costumes na escola. Jamais diria "gosto disso". "Gosto dos personagens de *Star Generation*" ou "gosto de anime". É muito difícil para um adolescente apaixonado por anime que frequenta um grupo que é o oposto disso sustentar aquilo que ele ama: "Eu gosto de anime e foda-se"; "Ah, mas a gente odeia"; "Mas eu gosto e acabou". E ainda tem os vira-casacas em time de futebol. Quando você muda de cidade e todo mundo é do time oposto ao da cidade em que você mora, você começa a se sentir um peixe fora d'água por causa de um time de futebol. O adolescente tem a tendência a ter essa fobia social transitória, a fobia do medo de não ser aceito. O medo de não ser reconhecido, de não ser validado.

Thalita conta que, quando tinha onze, doze, treze anos, ficava com placas vermelhas no corpo quando tinha que fazer trabalho no colégio porque ficava nervosa, com medo do julgamento dos colegas e professores. É algo que se chama de mimética comportamental. Isso faz parte também daquilo que a gente chama de síndrome normal da adolescência, dizendo que o adolescente tem algo borderline, porque é uma questão fronteiriça à questão da mimética. Mimetizar o outro. Você tem às vezes um *self* que é geralmente insuficiente, que não se garante, e você se garante no *self* do outro, mimetizando. É o exemplo do lagarto que fica marrom no tronco da árvore. Essa é a mimética. O adolescente tem a tendência a mimetizar o ambiente, até que adquira a sua cor.

O adolescente está entendendo qual é a cor dele, está escolhendo, experimentando. A fobia social, que é uma patologia, é mais uma patologia normal da adolescência. A dificuldade de dizer o que pensa e do que gosta, com medo do escrutínio, da avaliação do outro, do julgamento, da repulsa, da invalidação. E aí surge o bullying.

É o medo do bullying, da não aceitação, de não ter lugar. "Qual é o meu lugar? Qual é a minha tribo?" Não tem nada mais desesperador do que uma pecinha de Lego que não se encaixa em lugar nenhum. "Eu preciso me encaixar em algum lugar." É por isso que, com o advento da internet, quando os adolescentes se sentem excluídos, acabam se encontrando em grupos de internet que pregam atitudes de alta desregulação emocional e atitudes perigosas. Por exemplo, as anoréxicas descobrem grupos que reforçam a anorexia. Os com tendência suicida encontram grupos que estimulam o suicídio, fazem uma verdadeira ode ao suicídio. Isso é muito perigoso: o adolescente não ter validação e aceitação. Esses casos mais extremos envolvem, inclusive, uma invalidação dentro de casa. Pais que são absolutamente voltados para o lado oposto das necessidades do adolescente. Ele não tem validação nem dentro e nem fora de casa, e isso geralmente impulsiona o adolescente, catapulta ele para um lugar muito ruim, que é o suprir esse vazio com drogas, automutilação e até, em casos extremos, o suicídio.

Dicas para pais e responsáveis: converse com seus filhos fora de crises ou de situações limite para entender o que o aflige. Filmes ou séries assistidos juntos que abordem a temática medo e fobia podem ser bons pretextos para se tratar do assunto e entender melhor o que se passa dentro da cabeça e do mundo de seu filho. Com muito tato e carinho, sem tentar arrancar informações, mas criando um ambiente aberto e propício, os pais podem conseguir entender mais sobre o que amedronta seus adolescentes e abrir um espaço para tratar disso. Se não souber como proceder, buscar ajuda profissional é sempre um caminho indicado.

MENTIRA

Mentir é considerado um ato bastante reprovável socialmente. Pode parecer paradoxal, e é chocante pensar, mas todo mundo mente, em maior ou menor grau. O adolescente não é diferente de ninguém só por ser adolescente. Portanto, ele também mente. Somos educados para dizer a verdade o tempo todo, mas o que observamos é que nossos modelos educacionais não sustentam o que pregam. "Diga que não estou." "Invente uma desculpa qualquer." "Eu nunca disse isso." "Eu jamais faria tal coisa." Pequenas mentiras ou inverdades povoam nosso cotidiano. A mentira, que consideramos "normal", é uma realidade em nossas vidas e possui um propósito: amenizar atos que poderiam soar cruéis à sociedade. Afinal, se não houvesse um certo "filtro" da mentira, as relações sociais iriam à bancarrota. A mentira representa, então, um valor de manutenção e redução de tensão dos laços sociais. Adolescentes também mentirão para amenizar a tensão com a família e reduzir danos para eles. O grande desafio é a dose da mentira e o nível de dano que ela poderá causar. Muitas vezes, os adolescentes não sabem resolver sozinhos os problemas em que se metem mentindo.

Costumamos dizer que as crianças são muito verdadeiras, que falam o que vem à mente, sem filtro. Mas isso ocorre só até uma certa idade, porque quando a capacidade empática vai aumentando, principalmente depois dos cinco anos de idade, elas se tornam capazes de perceber que a sua opinião pode causar grande sofrimento ao outro e aprendem a distorcer a narrativa pela adequação necessária ao momento. É quando surgem as mentirinhas inocentes.

Nessa lógica, por que o adolescente não mentiria? É claro que ele mente. O adolescente manipula fatos egoisticamente. A mentira é uma poderosa arma de manipulação, e por isso acaba fazendo sentido que ela possa fazer parte do repertório. Ele mente muitas vezes por vergonha ou por ser incapaz de bancar uma posição em razão da tal identidade que está construindo. Ele quer se sentir autossuficiente, independente, apto a resolver os "perrengues" em que se envolve. Só que ele é inexperiente na vida.

Quando questões espinhosas surgem em um grupo de adolescentes, ele vai querer esconder que é BV (boca virgem), que nunca transou, ou qualquer outra coisa para não se sentir diferente e excluído do grupo. Isso é natural, é parte do cotidiano adolescente. Como terapeuta, Renato fica até surpreso quando os pais dizem que o filho jamais mentiria para eles, pois eles têm uma relação de confiança muito forte e conversam "tudo". E é bom sabermos que uma mentira não destrói necessariamente uma relação de confiança e sinceridade. Isso depende da gravidade do fato em questão. Mentiras em geral abalam a confiança temporariamente, sim. Mas não quebram laços. Afinal, temos a tendência a voltar a confiar em quem amamos.

Muitos pais induzem os filhos a mentir por serem extremamente fechados, repressores e conservadores em relação a certos assuntos. Se não houver um ambiente propício para se dividir determinada informação, o filho não vai querer contá-la ao pai. Por exemplo: sexo, cigarro, drogas, viagens, aventuras arriscadas. Com a adesão em massa dos adolescentes aos cigarros eletrônicos, muitos pais proíbem o uso. E proibir é diferente de orientar. Fica complicado você proibir algo quando a pessoa tem quinze, dezesseis anos. Ela tem certa autonomia, tem mobilidade e passa muitos momentos com amigos nos quais você não estará junto, ou seja, você não controla nada do que acontece da porta da rua para fora. E mesmo em casa muita coisa pode acontecer no banheiro ou no quarto fechado.

Por isso, a orientação e a educação são fundamentais. Renato sempre coloca os pais em um dilema quando perguntam: "Doutor, como faço para proibir que tal coisa seja feita e que não haja mentira envolvida?". A explicação é: ter filho é ter tolerância à frustração. Temos que ser bons negociadores, e um bom acordo nunca é bom para os dois lados, conforme dizem no Direito. Sempre terá de haver concessões de ambas as partes.

O dilema é o seguinte: você não está aceitando que seu filho fume tabaco, mas você sabe que ele está usando fora de casa e já encontrou cigarro eletrônico nas coisas dele? E agora, o que você quer fazer? Continuar batendo de frente e proibir, sabendo que ele está e continuará usando? Isso seria estimular a mentira, você concorda? Geralmente, fica um certo mal-estar momentâneo no ar quando essa percepção acontece. Os pais não gostam de ouvir isso; afinal, terão de rever seus conceitos e nem sempre estão dispostos a isso. Os pais não são acostumados, no exercício da paternidade, a lidar com escolhas dos filhos que destoam das suas próprias escolhas e desejos.

Os adolescentes falam muito das contradições dos pais: "Minha mãe esconde do meu pai algumas coisas que compra para ela". "Meu pai voltou a fumar escondido." É difícil que um filho não pegue os pais na mentira em algum momento da vida. A questão é a dose disso tudo e o quão grave mentir pode se tornar.

Os pais não podem fingir ser uma coisa no discurso e derraparem na prática. A adolescência é a etapa-chave do crescimento para a internalização e cristalização dos padrões morais que levaremos para a vida. O comportamento compassivo diante de uma mentira ensina muito mais do que um ato punitivo. A vergonha diante de uma mentira ensina muito mais do que a raiva advinda de uma grave punição. Agora, não adianta tentar ter uma relação aberta e da maior confiança possível se o exemplo dado pelos pais vai na via oposta. Com relação a esse assunto, bom senso e ponderação devem andar de mãos dadas. Que atire a primeira pedra quem nunca mentiu!

Dicas para pais e responsáveis: diante de mentiras que não sejam graves, tentem entender a lógica de raciocínio que fez o adolescente optar por ela e, sobretudo, não o julguem ou condenem como se ele fosse um marginal por ter agido como agiu. Tudo tem uma dose e tudo tem um contexto. Então, precisamos entender a lógica e o contexto para avaliarmos se o ato de mentir vai de fato acarretar uma consequência estrondosa. Quando descobrirem mentiras de seu filho, não emitam sentenças que possam colocá-lo no lugar de um transgressor. Aceitem as desculpas e o orientem para que isso não se repita. A vergonha por um ato ou uma falha social é muito boa para inibir erros futuros. Analisem seus anseios e as expectativas direcionadas ao seu filho, procurem rever se seus conceitos e condutas não estão propiciando a mentira como uma forma de relação comum e natural entre vocês e seu filho. Não aceitar escolhas dele pode induzi-lo justamente ao ato de mentir. Já em casos de mentiras compulsivas ou que causem danos graves aos outros ou à sociedade, procure ajuda profissional.

NEGAÇÃO

Negação é um mecanismo de defesa que faz com que nossa atenção seja seletiva com relação àquilo que confirma os nossos interesses em detrimento das informações que vão na via oposta do que queremos ou desejamos. É um recurso psicológico muito utilizado por adolescentes por estar relacionado à individuação ou separação no processo de amadurecimento e na formação e manutenção da identidade.

Existe um fenômeno que acontece no cérebro humano, tanto com adolescentes quanto com os adultos, que se chama *atenção seletiva*. Em suma, significa que, quando há interesse e direcionamento emocional em torno de algo que o atrai, seu cérebro tende a defender aquele interesse negando tudo aquilo que possa se contrapor a ele. Isso serve até como uma forma de evitar tensão cognitiva, e de uma certa maneira "acalma" a mente.

Nessas horas, as emoções nos manipulam e podem, inclusive, jogar os pensamentos a favor do nosso desejo. Por exemplo, tem gente que sabe que o namorado não é boa pessoa, mas evita pensar sobre isso para ter com quem estar, ou acaba pensando apenas no lado bom dele, esquecendo do ruim, tudo em nome de não querer ficar sozinho. Adolescentes têm mais tendência a se "agarrar" a verdades e a negar o seu oposto justamente por estarem formando sua personalidade. Então, esse tipo de estratégia acaba sendo muito usado por eles de modo não consciente. Quem está com o Eu se formando não pode ser muito flexível em suas aprendizagens. Se relativizar muito, pode perder a identidade. Esse é um dos motivos pelos quais a negação ocorre muito na adolescência.

Com os adolescentes, por mais que os pais falem que determinadas coisas não são boas, aquilo parece não entrar na cabeça deles. No verbete *mentira*, falamos sobre o exemplo do consumo de tabaco por adolescentes. Em nome de usar um cigarro eletrônico com design bacana e um líquido perfumado para ser aceito e ter *status* no grupo, jovens renunciam e negam todas as consequências danosas que a ciência tem apontado sobre o uso dessas bombas químicas.

Ainda há outros motivos para isso acontecer. Adolescentes muitas vezes negam as consequências ruins de seus atos por serem extremamente hedonistas. O que eles querem da vida é prazer, e são focados nisso. Esse traço é um forte resquício de um lado infantil ainda bastante presente na vida deles. Vejamos as crianças: elas são predominantemente hedonistas, só que, no caso delas, os pais ainda estão no controle do ordenamento do cotidiano, e é possível segurar e controlar a dose. Na adolescência, no entanto, o nível de autonomia dos filhos é bastante elevado, o que diminui a probabilidade do controle parental.

O que deve dar esperança aos pais é o fato de que as ideias dos filhos nunca duram muito. Logo, o tempo, as motivações e os interesses levarão o adolescente a trilhar outros caminhos. Ele se apaixonará rápido por muitas bandeiras, e se desapaixonará rapidinho também. Nessa volatilidade constante, é esperado o flerte com ideias esquisitas, que pode envolver religião, amigos, negócios, amores, política e muito mais.

Saber disso ajuda bastante, e só resta paciência para não batermos de frente com os filhos. Vamos lembrar que, quanto mais confrontamos um adolescente, mais o empurramos em direção ao que é inadequado. A verdade é que pais devem ser pessoas não apenas instruídas sobre as fases do desenvolvimento dos filhos, mas devem ser, sobretudo, pacientes.

Dicas para pais e responsáveis: negar é um ato de evitar desprazer, que age em prol da formação da personalidade e faz parte de um campo de testes adolescente. Isso envolve ensaiar autonomia, vivenciar os fatos e, depois, peneirar aquilo que serve e o que não serve para a vida. Essa é mais uma das fases esperadas do desenvolvimento humano. Ciente disso, não tome alguma atitude ou acontecimento de seu filho como algo permanente. Seja paciente e disponível aos seus filhos, e acredite que dias melhores virão.

OPRESSÃO

Opressão é viver um estado físico ou psicológico no qual não podemos nos expressar, nem nos conectar com nossas demandas, ou olhar para dentro de nós e escutar nossos desejos mais profundos, seja porque agentes externos nos controlam ou porque nós mesmos somos algozes de nossos desejos. Esse estado emocional nos predispõe à desmotivação e ao comprometimento de nossa saúde mental. Adolescentes são seres em profundo estado experimental, sendo que a grande maioria das experiências por eles vividas são passageiras, consideradas como fenômenos de curta duração. Assim, quando não encontram eco em suas demandas e desejos, os adolescentes tendem a sentir o efeito da opressão de modo mais intenso, ativando comportamentos que podem gerar emoções intensas de raiva e tristeza, por exemplo, e reações muito negativas.

Parece estar mais difícil ser adolescente no mundo de hoje. Com tantas informações à disposição, com tantos veículos de comunicação, com tantas possibilidades proporcionadas pela tecnologia existente, as exigências são maiores e só aumentam. É claro que eles não se queixam exatamente dessa maneira. Afinal, não tiveram a experiência de viver essa fase da vida em décadas passadas para terem parâmetros de comparação e perceber que a vida nos exigia menos antes. No entanto, hoje em dia, muitos se queixam de ter uma agenda cheia, toda voltada para cumprir as demandas, principalmente visando sua formação educacional e profissional: escola, aulas de idiomas, esportes, cursos extracurriculares etc. Sobra pouco tempo para projetos e sonhos, para ócio ou atividades que desviam do senso comum.

Nessa lógica, muitos oprimem seus sonhos por falta de tempo ou de apoio para tudo aquilo que sai da "caixa" social. No entanto, para o adolescente que se encaixa bem na rotina das demandas sociais, a vida está muito mais fácil. Se ele já tem vocação e desejo para desempenhar as carreiras tradicionais, o mundo oferece um cardápio gigantesco de oportunidades de formação. Só que isso não é a regra.

Os pais ainda estão muito preocupados com o tal "sucesso" profissional dos filhos e acabam ficando meio assustados quando eles enveredam por caminhos que fogem das profissões estabelecidas. Isso é inerente ao "cargo". Sempre tendemos ao desejo de que nossos filhos tenham um nível de vida igual ou, preferencialmente, superior ao que temos, o que é bem perigoso por sinal. Afinal, acabamos medindo realização pessoal pelo poder aquisitivo que uma profissão traz.

Não queremos que nossos filhos passem por privações. Esse tipo de lógica é bem bonita, é empática, só que pode ser extremamente opressiva. As situações que Renato atendeu ao longo da vida mostram que muitos adolescentes se sentiam encaixotados por demandas que não eram as deles, e sim de seus pais. Eram meninos que sonhavam em fazer aula de balé, que tinham talento para a dança, e foram amordaçados pelos pais a ponto de não permitirem que o assunto fosse falado em família. Nessa mesma linha, já vimos inúmeras expressões e tendências artísticas igualmente oprimidas por serem consideradas bobagens e tempo jogado fora, por serem "coisas que não dão dinheiro". Afinal, "como você vai viver disso?".

Os jovens que têm talentos artísticos acabam sofrendo. Quando Thalita contou para sua família sobre seu desejo de ser escritora, a reação foi a pior possível, um banho de água fria. Claro, sabemos que não são todas as pessoas que acabam insistindo e indo em frente para realizar seu desejo e seus sonhos. Nesse aspecto, ela se orgulha muito de incentivar vários escritores a investirem nas suas carreiras. Mas há também todas as outras repressões. Quanta gente ficou no meio do caminho por não ter se sentido validada em seus desejos?

Se Thalita tivesse abandonado seu sonho e seguido o caminho que sua família desejava, a vida dela seria, provavelmente, bem frustrada. Isso estaria guardado dentro dela, produzindo algum efeito ruim. Quando a família não a apoiou, foi por querer o melhor para ela, só que isso é enormemente opressor. Afinal, pais desejam o que é melhor para eles, de modo egoísta.

A frustração não costuma abandonar ninguém, ela é uma companheira de vida. Os pais devem aprender a lidar com a frustração deles também, e não oprimir os filhos em suas escolhas. Insistimos na máxima de que "ser pai e mãe é abraçar a frustração o tempo todo". Nossos filhos nos frustram diariamente em nossas expectativas, sejam elas simples ou complexas. Se você esperava que seu filho tivesse escovado os dentes, afinal, ele tem dezessete anos, e ele não escovou, você se frustra com isso. Agora, imagine em relação a expectativas mais elevadas, do tipo profissão, sexualidade, amores, netos?

Existem consequências para a saúde mental de quem deixa seus desejos de lado na vida e cumpre o roteiro escrito pelos outros. A ciência já nos mostrou que, quando vivemos sem motivações, sem projetos, sem desafios, ficamos mais vulneráveis ao adoecimento mental e físico, pois essas coisas estão interligadas.

Viver a vida apenas cumprindo tabela gera opressão e acaba nos levando a um lugar de exaustão. Chamamos esse fenômeno na psicologia de *exaustão do eu*, e ele pode ser combatido com ações que quebram as nossas rotinas. Para isso, se recomenda o ócio criativo.

Na batida acelerada das demandas sociais, principalmente com a cobrança em cima dos adolescentes para que se qualifiquem cada vez mais para enfrentar o competitivo mercado de trabalho, esse ócio criativo – estimado em torno de oito horas por dia – fica cada vez mais distante e difícil de praticar. Chamamos isso de a teoria dos três oitos: oito horas de sono, oito horas de trabalho e oito horas de ócio criativo. Qual adolescente consegue fazer isso hoje em dia? Muito poucos.

É fácil se sentir sufocado e oprimido dessa maneira. Afinal, adolescentes deveriam ter tempo para ser adolescentes e experimentar. Adolescência é tempo de experimentar. O recado que sempre passamos é que não abandonem seus desejos, que enfrentem seus medos e sigam adiante. Já com relação aos pais, sempre os apoiamos no conflito com os filhos para que encontrem um caminho de empatia, amor e validação, mesmo que os filhos estejam fugindo do roteiro que escreveram para eles.

Dicas para pais e responsáveis: quando estamos educando nossos filhos, tendemos a ativar nosso modo repetitivo, muitas vezes inflexível e até chato na busca de resultados positivos. Nossa expectativa é que eles não se desviem daquilo que julgamos ser bom para eles. Temos grandes dificuldades de aceitar muitas coisas que não são boas para nós, mas que acabam sendo para eles, e muitas vezes nos tornamos opressivos no ato de educar. É bom termos ponderação. Afinal, a maioria das experiências adolescentes não são de longa duração e, se formos pacientes, muitas delas passarão – por mais que nos gerem medo e apreensão. Fundamentalmente, oprimir gera impacto na saúde mental de quem oprimimos, e aí caímos na pergunta básica: você não deseja o melhor para seus filhos? Aceite que o melhor é que eles sejam saudáveis e estejam em harmonia com suas escolhas.

PAIS E PARENTALIDADE

Quando nasce um filho, nascem uma mãe e um pai, nasce uma nova função em nossa vida chamada de parentalidade. Em tese, a parentalidade deveria ser uma escolha consciente precedida de todo o conhecimento básico do que é uma criança, um adolescente e tudo o que temos de enfrentar até que nossos filhos se tornem adultos e plenamente independentes. Vale salientar que, mesmo quando se tornam independentes, se conseguimos estabelecer vínculos sólidos com eles as preocupações e demandas nunca cessam. Todavia, as coisas não são necessariamente assim. Muitos pais embarcam na parentalidade desorientados, desinformados e sem terem tido a oportunidade de avaliar previamente se a parentalidade era de fato uma escolha ou apenas uma resposta, uma adesão aos conservadores roteiros sociais. Resultam disso relações tumultuadas, vínculos frágeis ou patológicos e arrependimentos parentais. Apesar das dificuldades, com orientação adequada podemos reverter situações drásticas em prol da saúde mental, resiliência e bem-estar de todos.

Como diz uma amiga querida, filhos não nascem com manual de instruções, mas nascem com bula. Isso quer dizer de fato que para que uma bula seja compreendida ela necessita de pais atentos, empáticos e motivados a decodificar aquele ser recém-chegado e cheio de desafios cotidianos para nós.

Filhos não nascem falando, não nascem expondo suas necessidades. Eles se comunicam através de uma linguagem não verbal que possui uma chave para seu entendimento – empatia. É o tal wi-fi, a tal conexão e direcionamento amoroso para entender e se dedicar ao outro.

Renato tem trabalhado e difundido muito o conceito de *escola de pais*, pois os pais se perdem, não percebem os filhos, e é claro que essa desatenção nem sempre é intencional. Não há nada melhor do que a difusão do conhecimento para transformar e ajudar no manejo da realidade dos fatos.

A questão da escola de pais deve partir do princípio de que é necessário conhecer todas as etapas do desenvolvimento infantil e de todos os dissabores que virão ao termos filhos, e que isso ajuda na tomada de decisão na hora do "vamos procriar ou não vamos". A escola de pais serve para o pré e o pós filhos. Com relação à decisão de os termos ou não, ela difunde um conhecimento que permite que o seu cérebro cartesiano se ative e se sobreponha aos algoritmos biológicos que nos impelem à reprodução. Ela serve igualmente para quem já tem filhos – afinal, depois da parentalidade ocorrer de fato, todo o conhecimento acerca das dificuldades previstas em cada etapa do desenvolvimento nos permite desenvolver ferramentas básicas para reduzir o estresse de cada fase e preservar a harmonia e os vínculos saudáveis entre os membros da família. O conhecimento difundido de modo democrático através de ações da escola de pais acaba atuando como uma forma de difundir saúde mental coletiva. Se levarmos em conta o número de crianças abandonadas e o impacto na saúde social desses abandonos, maus-tratos e invalidações sofridas na família, veremos que estamos tratando de prevenção em saúde mental.

Filhos geram muitos dissabores: desde o início eles têm cólicas, a vida sexual dos pais vai naufragar e será necessário fazer muita meditação para suportar a ausência de sexo, a falta de paciência e a privação de sono. Sempre pergunte a você mesmo se há motivos racionais, coerentes e lógicos para que se tenha um filho. Se a resposta for sim, enumere esses motivos, por favor! Outro grande desafio será gerenciar a harmonia e o equilíbrio entre a parentalidade e a conjugalidade. Com filhos, as diferenças do casal aparecem ou se agravam.

Sempre dizemos que fazer filho é muito gostoso, difícil mesmo é criar, educar. Admiro muito quem embarca nessa aventura, mas é necessário estar pronto. Vemos um bando de pais de Instagram muito orgulhosos de si na função de educadores. Mas não é comum vermos mães e ou pais assumindo nas redes sociais que são desatentos ou que estão passando o maior perrengue com seu filho.

Vemos muitos pais olhando só para si e terceirizando os filhos. Consideramos que ter filhos deveria ser o ato mais generoso de desprendimento e de compaixão. Embora as demandas da infância sejam bastante difíceis, o ponto crítico da parentalidade ocorre justamente na adolescência, que é a fase mais difícil de delegarmos o problema.

O adolescente está se entendendo sobre a perda da infância, do corpo da infância, e o pai também deixou de ter aquele filho fofinho, com aquela voz fofinha, com aquela carinha de criança fofinha. Ele está quase virando um adulto. E quando a criança deixa de ser criança, o pai também perde um pouco o interesse naquele cara enorme, cheio de espinhas, com a voz mudada, sempre chato.

O pai da criança é encantado pela cria, mas o pai do adolescente tende a ser um pai aborrecido, irritado, bravo com o filho que está frequentemente impaciente, mal-humorado.

Com isso, ou vivemos em constante embate ou abstraímos, deixamos para lá e seguimos adiante. Muitos desses pais repetem suas histórias de vida. Trazemos nosso modelo lá de trás e o repetimos. Não é intencional, não é falta de amor. Não podemos ser moralistas e julgarmos que esses pais não amam os filhos. Negligenciar não é sinônimo de falta de amor.

A parentalidade não é uma função estanque: ela está em constante transformação. A cada etapa de desenvolvimento dos filhos, novas habilidades são exigidas dos pais. Pais também têm o luto de perder aquela criança que não existe mais, e é nessa hora que eles precisam ter maturidade para começar o chamado desapego. A gente cria filhos para o mundo, a criança se vai. Chega a hora de olhar com outros olhos para seu "novo filho", o filho adolescente. E isso é muito bonito. Os pais precisam se reinventar para lidar com os problemas dessa pessoa em evolução, desse novo filho, desse ser quase estranho, que do nada continua morando na sua casa.

Quando há uma relação de apego, de segurança, de amor bem estabelecido e constituído, os pais suportam relativamente bem todas as fases de transição, de transformação.

Justamente por isso a busca de ajuda para resolver os dilemas e agruras com filhos não representa fracasso parental. Pelo contrário: representa coragem e desejo de que as coisas se resolvam da melhor maneira para todos.

Sabemos por estudos antropológicos e de biologia do comportamento que os bebês humanos não foram "desenhados" pela natureza para serem criados apenas por uma pessoa ou um casal. Em ambientes ancestrais, essa função era diluída na coletividade. Com a sofisticação social, houve um movimento reverso: as famílias se fecharam, e problemas com filhos envolvem apenas o núcleo familiar. Precisamos rever nossa história evolutiva e parar de carregar fardos pesados demais para nós. Nossos filhos na adolescência irão abrir nossos porões, despertando fantasmas que nem imaginávamos mais estarem por lá. Adolescente é o ser que está no mundo para testar os pais, por mais poderosos que sejam, por mais competentes e reconhecidos profissionalmente fora de casa. O filho será a pessoa que vai testar os pais em limites para os quais nenhuma titulação acadêmica os preparou. Você está pronto para isso?

Dicas para pais e responsáveis: parentalidade necessita de informação, preparo e, sobretudo, consciência. Afinal, tudo constantemente se transforma nessa função, tenha isso em mente. Parentalidade não deve ser vivida na solidão. Busque sempre recursos e informações de qualidade que amenizem o gerenciamento dos estresses previstos e os não previstos na jornada parental. Buscar ajuda não é sinônimo de fracasso parental. Esteja atento aos desafios, descréditos e desmerecimentos que seu filho vai lhe jogar na cara. Entenda que isso não é desamor. O psicanalista Contardo Calligaris uma vez disse: "O adolescente tem a capacidade de captar, no pai, aquele sonho abandonado, aquele desejo". É aquele pai executivo, que é todo duro, um CEO que trabalha muito, que tem muito dinheiro, mas abandonou lá atrás o sonho de ser surfista. O adolescente tem a tendência a farejar isso e a expressar para os pais os seus fracassos. Na época, isso até pareceu muito metafísico, mas é o que acontece na empatia. Ela é uma conexão que transmite dados – e grande parte desses dados são passados na linguagem não verbal, não consciente. Pais, às vezes, se revoltam com os filhos adolescentes porque eles são a corporificação daquilo que eles abandonaram e que não tiveram coragem para enfrentar. Isso é muito esquisito e bonito ao mesmo tempo.

Por isso, vem confronto, vem resposta malcriada, vem discussão. Os pais acabam se afastando, então, para evitar embates. Para não bater de frente com o filho, o pai se afasta e acaba não percebendo a linguagem não verbal. Sugiro a você, pai ou mãe que estiver lendo isto, que se reveja, mas, antes dessa autoanálise necessária, largue este livro agora e vá dar um abraço no seu filho e dizer que o ama de verdade e que se importa com ele.

PERDAS

A adolescência promove perdas bastante reais. Afinal, o corpo, a cabeça e os interesses do adolescente mudam drasticamente em um período relativamente curto de tempo. O tratamento que o adolescente recebia do mundo quando era criança também se transforma. A postura e a comunicação já não são mais as mesmas, as atitudes e perspectivas se modificam, mas, sobretudo, os sonhos devem ser adequados à nova realidade. Os desejos e ambições adolescentes não caberão necessariamente no mundo real, e isso fica bastante perceptível nesse momento da vida. A adolescência também envolve a perda da inocência com relação à finitude de quem amamos, com uma visão mais realista e dura da morte; nesse momento, a fantasia não atua mais como um bálsamo para lidarmos com a partida de quem nos é importante. Perdas serão parceiras de vida, contrapondo-se a tudo aquilo de bom que surge ao longo de nossa trajetória. O conceito-chave para lidar com elas é a tolerância à frustração, habilidade ainda em desenvolvimento nessa fase sensível da vida.

As perdas da adolescência são bem grandes. Uma das maiores é que seu corpo está sinalizando para o mundo que já não é mais uma criança, e o que acontece imediatamente é que todos começam a esperar dele atitudes compatíveis com aquele ser "crescido". É como se de uma hora para a outra, assim como seu corpo, sua mentalidade, sua cabeça, também tivesse que crescer. Só que sabemos que isso não acontece assim. Vai demorar muito tempo ainda para o adolescente amadurecer mental e psicologicamente até que se ajuste completamente a sua nova realidade.

Outra grande perda é a da inocência. Há toda uma nova explicação e uma nova interpretação sobre o motivo para as coisas acontecerem do jeito que ocorrem, e ela será dada com base nos fatos duros da vida dali em diante. Sabe aquele pensamento mágico da infância que acaba tendo explicação para tudo? O cérebro maduro já não aceita mais, e muitas coisas não serão explicadas com base na realidade nua e crua. Agora elas deverão estar adequadas à realidade, e deverá haver o confronto com a finitude e com a visão da morte. E isso gera muita angústia para o adolescente.

As crianças explicam tudo de um modo mais bonito, mágico e poético: morrer é virar estrelinha, o mundo é visto como uma disputa entre vilões e heróis e, por pior que sejam as coisas que acontecem, elas são contadas de uma maneira bastante simplificada. Crianças também podem ser o que quiserem na vida, sem a limitação da realidade, desde o Homem-Aranha até um astronauta. O faz de conta funciona. Porém, na adolescência, a vida real bate duramente à porta, de repente.

Mais uma grande perda dessa fase é a das expectativas reais da vida. Começando pelas expectativas pessoais, vemos que muitos adolescentes sonham em ser bem-sucedidos em carreiras para as quais muitos não têm o menor talento ou a menor possibilidade de alcançar. Chega uma fase da adolescência em que eles querem ser populares e sonham em ser celebridades, reconhecidos e valorizados por todos. Eles não querem ser alguém comum, mas fazer a diferença no mundo, ser alguém na vida. Só que há muitas maneiras de ser alguém na vida sem necessariamente ser uma celebridade ou ser milionário.

O que ele deseja para si e o que a vida está oferecendo a ele de fato podem estar muito distantes e gerar muita dor. Mas esse desejo do adolescente de não passar em branco pela vida é uma das coisas mais belas dessa fase. Essa ânsia revolucionária, essa vontade de mudar o mundo, essa indignação é muito boa. Depois, com o passar do tempo, esse sentimento vai sendo perdido, tudo vai se acomodando na conformidade social e o adolescente vira adulto e diminui sua capacidade de se indignar, o que é uma verdadeira pena.

Esse é um dos momentos da vida no qual a tolerância à frustração bate fortemente à porta. Quando queremos ser um astronauta, um ídolo musical, um jogador de futebol, uma modelo, seja lá o que for, a infância acolhe e fomenta todas essas fantasias como possíveis. O adolescente, diferentemente, já consegue discernir as reais condições de alcançar seus mais ambiciosos sonhos por apresentar maior nível de consciência, e daí surge conflito e dor. Em suma, a perda.

Vale lembrar que muitos adolescentes vivem de fato algumas perdas reais, e para muitos isso deixa de ser uma possibilidade iminente e vira realidade. Muita gente acaba ficando privada do convívio, da proteção e da parceria de quem ama, precisando lidar com o que restou para se reconstruir. Perder uma pessoa amada é bem difícil sempre, mas perder os pais na adolescência acaba sendo pior do que em determinados momentos da infância.

Dependendo da idade, a criança sente a dor emocional, mas não fica ruminando mentalmente como o adolescente. Ruminar faz perdurar o sofrimento e, nesse quesito, o adolescente tende a ser muito ruminador, muito pensativo, um perseguidor de explicações. E nem sempre achamos um porquê para tudo.

Com relação à morte, existe uma crise esperada por volta dos doze anos, quando acaba a infância: é o medo de perder os pais ou os equivalentes parentais, e o fato de a crise já ser esperada não a faz menos importante. O problema é que o adolescente tende a comunicar esse medo, que em muitos casos nem ele entende direito, por meio de uma linguagem truncada que confunde os pais. Ele pode ser reativo ao medo de modo agressivo.

A tarefa dos pais nunca é fácil. Eles têm que estar sempre decodificando enigmas de quem não consegue ainda colocar plenamente em palavras aquilo que sente. Escrever sobre adolescentes, como a Thalita faz, é, de certa maneira, uma forma de tentar traduzir as crises previsíveis em uma linguagem lúdica por meio da arte. É uma forma de mostrar para todos que aquilo é normal, que é igual com o filho dos outros também. A arte sempre foi uma excelente forma de mostrar aquilo que temos dificuldade de enxergar no cotidiano.

Por exemplo, quando a Thalita escreve sobre as crises das paixões adolescentes, aquelas que fazem eles sofrerem muito, é uma maneira de mostrar a todos que aquele sofrimento é legítimo e não deve ser banalizado. Geralmente os pais têm pouca paciência para isso e acabam tratando como uma bobagem qualquer. Mas para eles não é. E essa é mais uma perda: a da ilusão das paixões, que nem sempre serão correspondidas. E mesmo que haja correspondência, relacionar-se é bem mais difícil do que imaginamos no plano mental, no plano da fantasia platônica. Existe uma imensa beleza nesse processo de transformação. Nosso fascínio pelo mundo adolescente mostra que tudo é igualmente belo, embora seja profundamente dolorido.

Dicas para pais e responsáveis: entender sensivelmente esses momentos críticos de transição ajuda muito na validação das novas experiências emocionais pelas quais os adolescentes estão passando. O conhecimento prévio nos torna menos culpados e mais acolhedores na relação com os filhos. Não minimize as dores das perdas, sejam elas por paixões, pelos sonhos ou ainda pela morte real ou fantasiosa de algo ou de alguém. Lembre-se de que você já esteve nesse lugar, reative as suas lembranças adolescentes e seja empático e validante para com eles e seus sentimentos.

POLÍTICA

Não é nenhum exagero dizermos que a política está em nosso sangue. Afinal, somos definidos pelos biólogos do comportamento como animais morais. Sempre tendemos a posicionamentos políticos, em todos os segmentos sociais nos quais estamos inseridos – seja em um partido, em uma aliança de liderança na escola ou até no bairro onde moramos. A adolescência é uma fase durante a qual o interesse pelo assunto tende a surgir com grande intensidade, gerando posicionamentos mais fortes em consequência da motivação de lutarmos com mais afinco pelas bandeiras em que acreditamos.

A política requer informação, participação e atualização cotidiana. Muitos adolescentes começam sua atividade política nos grêmios estudantis das escolas e depois nos diretórios ou centros acadêmicos das universidades. Isso não mudou, apenas se aprimorou com a internet e as redes sociais.

Parte dos jovens é muito ativa politicamente, mas outra parte, como sempre aconteceu, não se interessa por atividades militantes. Isso sempre ocorreu, em todos os tempos. Porém, o que temos visto é que, no Brasil, a população em geral está muito mais politizada como um todo, acompanhando mais os acontecimentos, sabendo o nome do candidato que elegeu, acompanhando sua atuação pela internet e assinando manifestos digitais por causas nobres ou contra absurdos cometidos por políticos corruptos.

Com a profusão de vídeos, textos em microblogs, fotos, portais jornalísticos, postagens de mensagens e também meios para checagem de fatos e fake news, temos a possibilidade de saber dos últimos acontecimentos em tempo real.

O engajamento político requer preocupação com o outro e com o ambiente no qual você está inserido. É a vontade de melhorar e transformar o mundo que engaja a militância adolescente. Para isso, é necessário interesse, disciplina para a leitura e informação. Claro que não são todos que irão se envolver fortemente com isso, mas entender minimamente o que se passa no país é algo importante e deve ser incentivado por pais e educadores. Aí entram a cultura de base, o incentivo e o estímulo que se dá para o assunto. A disciplina de filosofia e de sociologia nas escolas está aí para isso: interesse político começa em casa e na educação escolar.

Dicas para pais e responsáveis: consciência política é algo de extrema importância e deve fazer parte da nossa formação para que sejamos capazes de exercer a cidadania plena e buscarmos uma sociedade mais justa. O adolescente tem um enorme potencial para a reflexão e o engajamento político. Por isso, é muito importante fomentarmos o seu interesse pelos fatos cotidianos, pelo debate de ideias e por um posicionamento diante do que está acontecendo. Esse movimento deve começar em casa. Estimule seu filho a não ser alienado diante das conjunturas políticas, estimule o voto e a participação em atos democráticos. Essa também é uma forma de educarmos nossos filhos para a vida.

QUARTO

O quarto de um adolescente pode ser individual ou compartilhado, pode se resumir a uma porta de um guarda-roupa, pode ser até uma caixa com pertences pessoais. Qualquer que seja sua representação, é o local onde a sua identidade em formação está ensaiando seus passos, e, portanto, será a incubadora da sua personalidade emergente. É um local de suma importância para suas fantasias e seus conflitos serem elaborados, pois é no espaço do quarto que o adolescente vive o pop star, o herói, o sofredor, o injustiçado e o incompreendido. No quarto, ele exercita seus desejos e paixões, ensaia a sexualidade de modo privado e encontra o caminho que o levará ao crescimento.

Ter um espaço para chamar de seu é muito importante na adolescência. O quarto é justamente aquele lugar onde o jovem pode ser ele mesmo, ser autêntico e viver muitas experiências individuais, com amigos e amigas, namorados e namoradas, fantasiar e viver papéis imaginários. Será que os pais conseguem ter a dimensão do quão importante é isso para seus filhos adolescentes? Afinal, em consultorias e terapias, pais se queixam bastante do quanto os filhos ficam "enfurnados" lá dentro.

Embora tenham vivido as mesmas experiências nas suas próprias adolescências, muitos pais têm dificuldade de entender isso e reclamam do espaço dos filhos. Reclamam do isolamento, da decoração, da bagunça. É bem comum também que eles interpretem de modo muito equivocado a necessidade que o adolescente tem de se isolar.

Essa atitude, que é normal e saudável na adolescência, é vista pelos pais como uma renúncia à família, como um desaforo, uma provocação, ou ofensa, birra, arrogância e muitas outras coisas negativas. Quando aborrecido, é comum que o adolescente busque o isolamento e entre no seu quarto com a tradicional batida de porta, o que irrita e assusta os pais profundamente. No fundo, porém, isso é apenas uma necessidade que todos têm de estar consigo mesmos, de protestar, de mostrar discordância, de se regular emocionalmente, ou ainda de apenas ficar em privacidade.

A transição do quarto infantil para o quarto adolescente é um divisor de águas na vida, um verdadeiro ritual de passagem. O jovem começa a ficar incomodado por perder a total identificação com a decoração do quarto que havia sido montado para uma criança, e não se reconhece mais ali naquele lugar. Nesse momento, muitos pais se incomodam, pois os jovens começam a colocar coisas na decoração que "não combinam", ou que nem sempre eles aprovam, como fotos de ídolos, objetos religiosos, políticos, livros, adornos, papéis e outros símbolos importantes para eles. Isso tudo sem mencionarmos a "tradicional" bagunça e, por vezes, até a falta de higiene do ambiente.

No espaço privado, os adolescentes ouvem música ou veem séries em um volume que perturba a casa. Eles tocam instrumentos musicais, viram pop stars, encenam papéis, dramatizam coisas que vão dizer ou fazer em situações sociais, muitas delas apenas no mundo da fantasia, já que nunca terão coragem de agir no mundo real. Também fazem poesia, escrevem e treinam esportes como se estivessem jogando em um campo ou quadra profissional. No quarto, os dramas são vividos solitariamente, as injustiças são esbravejadas, comportamentos agressivos ou passivos ocorrem, segredos são compartilhados com os amigos – seja na presença física deles ou virtualmente, por meio das redes sociais ou por aplicativos de mensagens (ligação telefônica é coisa "de velho") –, isso sem contar as horas intermináveis em que ficam nos games, nos jogos eletrônicos, e também estudando. Ufa! Quanta coisa acontece no quarto de um adolescente!

Muitos pais até entendem tudo isso, mas não sabem o limite do quanto podem interferir, e por isso buscam ajuda. O quarto é um espaço dentro da casa, e como tal não pode ser uma "república" totalmente independente, separada, com regras próprias e na via oposta dos valores familiares. Assim, uma certa vigilância deve acontecer. Caso contrário, aquilo pode virar uma zona de guerra ou de bagunça. Mas a "república do quarto" obrigatoriamente vai colocar os pais no desconfortável papel de rever seus valores.

Afinal, fumar no quarto, fazer esquenta com amigos pré-rolê, namorar, transar, não arrumar a bagunça, jogar jogos indiscriminadamente, dormir a qualquer hora, acordar a qualquer hora, passar noites em claro... pode? Os pais concordam? Está de acordo com os valores familiares?

As regras e os limites do que acontece na casa – o que inclui o quarto – devem vir dos pais. E em hipótese alguma eles devem ceder aos valores pessoais dos filhos em prol da independência da "república do quarto". Qualquer coisa que coloque o adolescente em risco também jamais poderá ser aceita. Regras e limites precisam ser estabelecidos, previamente combinados, seguidos e cobrados.

E quanto a trancar o quarto a chave? Como fica a privacidade do adolescente, algo que ele valoriza profundamente? O melhor é que ele não se tranque, mas, para que isso funcione, um pacto entre pais e filhos deve ser feito: pais não entrarão no quarto do adolescente sem bater e sem anunciar antes. Afinal, pai e mãe vão querer que eles façam o mesmo quando forem acessar o quarto deles, certo?

As regras mudam quando os filhos passam de crianças para adolescentes. O mundo da privacidade ganha mais valor quanto mais crescemos na vida, e o respeito ao outro e às regras deve ser ensinado, fundamentalmente, com atitudes – e não apenas com palavras. Atitudes de respeito geram confiança bilateral e solidificam as relações afetivas.

Sobre a bagunça do quarto, o ideal é que os pais façam os filhos arrumarem. Afinal, eles detestam quando mexemos nas coisas deles. Caso não cumpram com sua obrigação, devemos intervir, mas aí caímos na questão de que respeito e privacidade são bilaterais. Se você não quer que eu mexa nas suas coisas íntimas, então respeite as regras da casa e deixe o cômodo minimamente em ordem e limpeza. Caso contrário, o sistema vigente intervirá.

Dicas para pais e responsáveis: entendam esse momento pelo qual seu filho adolescente está passando como um exercício de autonomia, que será fundamental para a vida toda. Não há nada de pessoal nisso, nada que desmereça vocês como pais. Pelo contrário: querer ter seu próprio território, de seu jeito, é muito saudável e é um sinal de individuação, de separação necessária. Todavia, coloquem limites, respeitando a privacidade dos seus filhos, assim como eles devem respeitar a de vocês. Jamais abram mão dos valores familiares. O quarto não pode representar um lugar de rebeldia e de oposição aos valores da família, mas estar em consonância com os princípios da casa. É um exercício difícil, pois mexe com todos os papéis familiares que regiam as relações até então. Como quase tudo na adolescência, esse é mais um desafio que se deve encarar junto com os filhos.

RAIVA

Nascemos programados biologicamente para sentir emoções. Elas carregam o propósito de preservação da nossa vida, pois nos protegem de perigos ao nos alertar para riscos iminentes. Nas espécies sociais, as emoções também têm o importante papel da comunicação, porque trazem uma linguagem inata, uma semântica própria, que indica aos membros da espécie e do grupo o que estamos sentindo e o que significa aquilo. A raiva faz parte do pacote de emoções que chamamos de básicas e que, na adolescência, são bastante presentes e marcantes, com os conhecidos "arroubos" que os jovens apresentam. A raiva ajuda o adolescente a diferenciar as situações e as pessoas com as quais ele se identifica das com que ele não se identifica, ou seja, é uma forma de manifestar indignação, injustiça, frustração e outros sentimentos. Via de regra, é uma emoção que precisamos conhecer melhor, pois nosso sistema educacional a trata de modo muito equivocado, como se fosse algo errado ou um comportamento de pessoas desequilibradas. A raiva, quando expressa dentro das regras sociais, é uma emoção legítima e muito saudável, aliás, como todas as outras, e age no intuito de preservar os nossos direitos, a nossa individualidade e a nossa autoestima no complexo sistema social no qual estamos inseridos.

Como especialista em emoções, Renato tem a raiva como sua emoção predileta, e a considera extremamente injustiçada na sociedade, principalmente nas escolas tradicionais e nas instituições religiosas. Virou senso comum dizer e reproduzir frases que pregam que "sentir raiva é feio", que "não devemos sentir raiva das pessoas que amamos", que "devemos aprender a controlar nossas reações", ou ainda que "devemos aprender a suprimir nossa raiva".

Não! Raiva é uma das emoções mais presentes e importantes para o ser humano, sobretudo na fase da adolescência. Todo esse pensamento equivocado é o resultado da desinformação generalizada sobre o papel das emoções em nossa vida, mesmo em pleno século XXI, e mesmo depois de tanto avanço científico e cultural em nosso mundo.

Raiva é uma emoção muito marcante para os adolescentes. Basta as coisas não estarem de acordo com o que eles querem e lá vem um grito, uma cara feia, um revirar de olhos, uma porta batida, um xingamento.

O que significa a raiva, afinal, e o que ela quer dizer nesse contexto que chamamos de linguagem das emoções?

A semântica, ou seja, o significado da raiva é o seguinte: invalidação, ofensa, violação, desconsideração, disputa, desprezo, injustiça, desrespeito, agressão, exclusão, frustração e indignação. É assim que nos sentimos quando a emoção raiva aparece, e é exatamente isso que ela comunica sobre nós no momento em que a estamos sentindo.

Conhecendo a linguagem da raiva, entendemos perfeitamente as reações extremadas que ela pode gerar, principalmente em adolescentes, que ainda estão construindo um filtro mais acurado das suas reações emocionais. E é por isso que a raiva é importante nessa fase. É por intermédio dela que serão construídos os valores pessoais, o que serve e o que é repudiável para nós, o que podemos aceitar ou rejeitar.

O adolescente ainda está aprendendo a regular suas emoções, e por isso é tão intenso ao sentir e ao expressá-las. Justamente por isso, a adolescência é chamada de fase da rebeldia. Em nenhuma outra fase da vida estaremos tão propensos a nos rebelar, a termos atos revolucionários e transformadores. Militância é a palavra de ordem nessa fase da vida, seja lá qual for a bandeira que estaremos defendendo, e a raiva é a força motriz de todo esse processo.

Por vezes, o nível de agressividade do jovem pode passar dos limites. É complicado ficar aturando desaforos só porque alguém não gostou ou não concorda com algo. Thalita conta como fica chocada com as reações agressivas que vê nas suas filas de autógrafos, percebendo claramente os adolescentes transbordando sua raiva para cima dos pais por qualquer motivo, seja um comentário interpretado como bobo, seja uma foto tirada pelos pais e julgada pelo adolescente como malfeita. Ela nota que geralmente os pais não reagem. O fato é que faz parte do pacote parental aturar boas doses de arroubos raivosos dos adolescentes.

Você já imaginou se os pais passassem a rebater todas as caras feias dos filhos? Socorro – a vida viraria um inferno, um campo de batalha instalado dentro de casa. Para muita coisa que acontece no dia a dia, os pais fazem vista grossa, até mesmo porque sabem que parte daquela agressividade fala muito mais do adolescente e de seus conflitos internos do que da conduta dos pais. Precisamos entender que é uma fase, que vai passar – inclusive, apenas segundos depois eles podem estar em um momento de puro amor e afeto com os pais, e essa é a dinâmica deles.

No entanto, tudo tem que ter um limite. Quando a agressividade é excessiva, ofensiva ou humilhante, os pais devem se posicionar impondo limites bem claros. Caso contrário, virarão o tapete da sala onde todos pisam. O adolescente é imediatista, pouco tolerante à frustração, e nessa toada eles irão sempre responsabilizar os pais por tudo o que dá errado para eles. Isso tem muito a ver com o resquício de criança que ainda habita neles, e esse é o referido treino de tolerância à frustração, aquele que deve começar lá na infância e que acaba se refinando na adolescência.

Quando os pais conseguem operar limites com clareza e segurança nas crianças, eles ajudam a moldar a raiva que será expressa pela frustração no período adolescente. A infância acaba dizendo muito sobre os comportamentos do adolescente no futuro, e vale lembrar que a criança ainda fala muito dentro dele nessa fase da vida, principalmente no quesito frustração. Dá para entender que, para um bom desfecho, tudo vai se resumir à capacidade de aceitarmos, validarmos e expressarmos assertivamente, e dentro dos conformes sociais, a raiva advinda das nossas frustrações. Se for diferente, é bem possível que estejamos tratando de uma raiva já ao nível da patologia. E aí, claro, é bom buscar ajuda profissional para entender o limite entre o natural da fase e o comportamento doentio e problemático.

Dicas para pais e responsáveis: é normal sentir raiva. Mesmo as pessoas que nos amam sentirão raiva de nós em vários momentos da vida, e vice-versa. A grande questão é como essa raiva será manifestada. Se for de modo assertivo, é importante que os pais sejam capazes de aceitar e validar o que foi expresso pelos filhos, reconhecendo a linguagem da emoção que está por trás (indignação, injustiça, ofensa etc). Vale lembrar o tempo todo que ser pai e mãe é um grande exercício de tolerância e renúncia. O entendimento básico disso nos poupa de interpretações equivocadas e não realistas da natureza das emoções, com coisas do tipo: "Meu filho me odeia, o que fiz de errado?". As emoções são como ondas, são descargas hormonais, tendo um tempo curto de duração. Representam aquele momento em questão, não sendo, portanto, a identidade da nossa vida. Nessa lógica, seu filho está com raiva de você naquele momento, o que não significa que ele tem raiva de você permanentemente. Precisamos aceitar isso, pois essa é a realidade das emoções. O não entendimento disso pode nos levar a manejos e interações inadequadas, que acabam gerando grandes prejuízos na relação de pais e filhos. No entanto, se as manifestações de raiva forem desproporcionais e passarem da fronteira do que julgamos como razoável, os pais devem colocar limites de modo claro, objetivo e seguro. Em princípio, a adolescência é apenas mais uma fase difícil que, com a nossa ajuda e compreensão, passará sem maiores danos.

ROTINA

A rotina tem sido objeto de estudo das ciências do comportamento nas últimas décadas, justamente por apresentar um grande benefício em termos de rendimento acadêmico, social, pessoal e de saúde mental na vida de quem a segue como prática. O cérebro humano funciona melhor quando se organiza por meio da sistematização de vivências. Ela gera uma sensação de controle e age como um redutor de estresse para as pessoas. O estabelecimento de uma rotina consistente, justamente pelos benefícios que promove, deve fazer parte da educação infantil e adolescente, pois por meio dela se consolida a formação de hábitos importantes para a vida. Grande parte da transmissão dessa prática é proporcionada por meio do exemplo e do gerenciamento parental.

Sempre ouvimos falar que as crianças precisam de rotina. Mas isso vale também para o adolescente. Aliás, vale para todos. A rotina e a formação de hábitos têm sido objetos de estudos da psicologia já faz um bom tempo. Sabemos que a rotina ajuda o cérebro a se organizar, a desenvolver estratégias de controle na interação com o ambiente, a ter mais produtividade e, com isso, reduzir o estresse. A ausência de rotina exige um desgaste energético demasiado, nos deixando mais suscetíveis e mais vulneráveis à ansiedade. A falta de rotina deixa o cérebro funcionando no gerenciamento constante da novidade, e isso acaba sendo realmente desgastante.

Rotina é um elemento importante para a saúde mental, sem dúvida nenhuma. Mas quebrar rotinas também é fundamental à vida. Ninguém pode viver de modo robótico, passando o dia a executar os mesmos comportamentos cotidianos de sempre.

O adolescente tem a tendência a ser um "quebrador" de rotinas. Ele acaba se aborrecendo por ter que automatizar coisas que considera chatas, como estudar, arrumar o quarto, ter horário para dormir e para as refeições, ter que organizar o banheiro, tomar banho, ir ao curso de idiomas, praticar esportes etc. Aí, muitas vezes, ele reage a tudo isso se tornando rebelde, se sentindo como se os pais ou os cuidadores o estivessem encaixotando ou prendendo, algo que ele odeia.

Nessa lógica, muitas quebras de rotina podem ser uma forma de protesto contra o sistema familiar, com pensamentos do tipo: "Estou cansado disso, quero me sentir livre, parem de me incomodar". Por isso, é mais difícil impor uma rotina ao adolescente. Com crianças, o poder de argumentação não entra em campo e não há a chatice de discursos de convencimento de por que as coisas devem ser daquele jeito.

As crianças tendem a acatar e a aceitar rotinas quando os pais estão seguros do que estão orientando. Já com os jovens, a abordagem é bem mais complexa. Dá para perceber que eles oscilam por períodos diversos, o que não significa que sejam eminentemente contestadores. Há fases em que ficam bem, mas há outras em que é bem mais difícil obter sua colaboração.

Para impor rotina com alguém que argumenta muito bem e nem sempre está inclinado a colaborar é preciso dar exemplos, ter paciência e praticar a boa e velha autoridade, mas não aquela imposta pelo poder ou pela ameaça – e sim aquela conquistada pelo afeto.

Todos estão sujeitos a normas em qualquer lugar da sociedade que frequentemos. Então, por que seria diferente com os adolescentes? Claro que é necessário um certo nível de tolerância dos pais – mais uma vez, ela deve entrar em campo. Diríamos até que os pais precisam de um certo nível de complacência; caso contrário, a casa virará um local de disciplina militar, onde qualquer desvio será passível de queixa e de punição. Até mesmo porque os próprios pais quebram as rotinas com alguma frequência, e isso é a vida real. Um adolescente deve entender que há uma hierarquia em casa, ou seja, que os pais ditam as regras, e em hipótese alguma devemos aceitar uma liderança de quem não tem maturidade para tal.

Adolescentes podem ter problemas com sono, e isso é capaz de afetar a rotina – não apenas a dele, mas também a da casa inteira. Os que têm aula pela manhã, se deixados sozinhos, podem dormir a tarde toda, o que prejudica o sono da noite, a qualidade da atenção para ir à escola no dia seguinte, e assim sucessivamente. No fim de semana, não é incomum ocorrer a tal troca do dia pela noite. Nas férias, se não houver um certo regramento, eles podem passar tranquilamente sem ver a luz do dia. O problema é que essa quebra de rotina do sono afeta todos na família. Se os pais planejam um programa familiar no final de semana, ou se querem aproveitar as férias curtindo um lugar bacana com passeios, haverá alguém lá desmaiado na cama ou no sofá porque dormiu tarde e que vai acordar meio zumbi ou de mau humor, se é que vai acordar.

Muitas vezes, os pais não sabem o que fazer, e acabam abrindo mão de um convívio com o filho adolescente, diferente da rotina do dia a dia, por causa disso. O problema de um acaba virando o problema de todos, o que é injusto com a família. Algo que seria bom para fazer com todos (senão perde a graça) transforma a casa na ditadura do adolescente tirano, e ele passa a reger o funcionamento da família com seu ritmo.

Em hipótese alguma a regência de uma família pode estar na mão de uma pessoa apenas, e isso vale para os pais também. A família pode e deve ser uma instituição com momentos de participação democrática, e claro que, em decisões importantes que envolvem saúde, finanças e outras questões de responsabilidade e risco, os pais devem tomar a frente. No restante, incluir a participação de todos é nutrir relações empáticas.

Uma família em férias pode ir à ópera e a um parque de diversões, e os programas devem incluir os interesses de todos que compõem o grupo, senão ficará desinteressante e entediante para quem não se vê contemplado em seus gostos. Por isso, necessitamos de regras e rotinas como uma forma de organização, e também de respeito e de empatia pelo outro. Se programas familiares forem importantes em um final de semana, por exemplo, o adolescente deve se enquadrar e respeitar as combinações. Nas férias, a mesma coisa. Não vale gastar dinheiro para custear programas de férias para alguém que dorme o tempo todo. Tudo depende da dose. Quebrar rotinas é bom, porém ter um certo nível de organização é bom até quando quebramos a rotina.

A idade em que o adolescente começa a ser responsável pela sua própria rotina varia conforme o temperamento do jovem em questão. Tudo vai depender muito dos traços de autonomia que somos capazes de observar já no período da infância. Preste atenção nas diferenças entre as crianças. Algumas são mais seguras, mais independentes, enquanto outras são justamente o oposto.

Adolescente sempre deve ser tutorado, monitorado pelos seus responsáveis – alguns mais, outros menos. Não temos manual de instruções, mas temos uma bula, e a posologia da vigilância depende do que o adolescente está nos sinalizando ao longo do caminho.

Os pais podem ajudar nesse processo de adesão às rotinas até um certo ponto. Precisamos nos lembrar da desconfortável máxima na educação parental: não controlamos tudo! Uma das maneiras de ajudar está em como nos comportamos. Afinal, os pais são modelos, e não adianta exigir responsabilidade se você não demonstra isso na sua vida. Cobrar o que não se faz não costuma dar certo.

A verdade é que estamos e estaremos sempre monitorando e orientando nossos filhos, em maior ou menor grau, ao longo da vida toda, e essa é uma das grandes "chatices" no ato de educar. Gostamos muito de uma frase de um amigo que sempre diz: "Máxima liberdade com máxima responsabilidade". Nessa lógica, uma coisa depende da outra e será resultado de conquistas demonstradas por meio de atitudes.

Dicas para pais e responsáveis: é fundamental para a organização do ambiente, da família e da saúde mental das pessoas que tenhamos rotinas básicas em nossas vidas. Não deixe de educar seus filhos em relação a esses processos. Todos se beneficiam de um ordenamento ambiental. Não flexibilize aquilo que é realmente importante, porém, tenha certo nível de tolerância para escapes. Afinal, isso é um dado de realidade e acontece com todo mundo. Lembre-se de que exigir padrões de condutas de outras pessoas está altamente correlacionado com o exemplo que damos, e isso adquire mais importância ainda quando se trata de nossos filhos.

SEXO

Sexo é uma definição biológica do masculino e do feminino, do macho e da fêmea, marcada claramente pelos órgãos sexuais internos e externos que distinguem a classificação diferenciada uma da outra. É também o ato implicado na busca do prazer e da reprodução (se bem que atualmente a tecnologia já não exige mais a conjunção carnal de dois seres para que isso ocorra). Podemos incluir nessa definição o contato físico entre pessoas de sexos diferentes ou do mesmo sexo, buscando prazer, sem que necessariamente envolva algum tipo de penetração. Nos dias de hoje, definir sexo como ato reprodutivo ou vinculado à penetração seria extremamente reducionista. É possível existir o ato sexual entre dois homens, entre duas mulheres ou entre um homem e uma mulher de outras maneiras, isso considerando as diversas identidades de gênero. Inclusive, o sexo pode estar associado tanto a atos reprodutivos quanto a não reprodutivos. É importante destacar que o sexo biológico não define o gênero que a pessoa exercerá diante de relacionamentos afetivos e sexuais futuros. Essa é uma temática muito complexa e sensível, que exige atualização constante, e é necessário que pais, educadores, terapeutas e a sociedade em geral estejam sempre informados. Não precisaríamos nem mencionar o quanto é importante para a fase da adolescência, já que é durante ela que a pessoa desperta física e psiquicamente para o tema.

Sexo é um dos assuntos mais complexos e ao mesmo tempo delicados de abordarmos. Envolve muitos aspectos e muitas nuances, tanto para pais quanto para os filhos, pois é um tema cercado de tabus, com vieses morais, religiosos, éticos etc.

Muitos pais talvez ainda se sintam desconfortáveis para tratar do tema com seus adolescentes. A razão disso pode advir do fato de que eles mesmos tenham enfrentado problemas, barreiras e preconceitos no desenvolvimento de sua própria sexualidade quando eram adolescentes, e não saibam muito bem como conduzir o assunto.

Praticar sexo, no imaginário de muita gente, configura uma atividade adulta, e talvez isso seja uma ideia muito chocante para pais de filhos recém-saídos da infância. Ou talvez porque fazer sexo implica estar exposto a correr riscos de doenças e infecções transmitidas por via sexual, e principalmente de uma gravidez indesejada. E isso exige cuidados e responsabilidades para os quais talvez os filhos, na cabeça e no entendimento dos pais, não estejam preparados para lidar.

De qualquer maneira, para os adolescentes propriamente, o despertar do sexo e do tesão chega forte com as descargas de hormônios que seu corpo recebe. E ele passa a ter sensações nunca antes experimentadas.

No início da juventude, o enamoramento e a atração sexual se confundem, e esses jovens recém-saídos da infância precisam começar a lidar com todas essas novas sensações que se apoderam deles. Depois, na vida adulta, existirá um discernimento maior entre o que é atração sexual e o que é apaixonamento e amor. E sabemos na prática, pelos atendimentos no consultório do Renato e pelas pesquisas para os livros da Thalita, como essa confusão acontece, principalmente entre as meninas. É interessante verificar que elas têm o discurso do "eu ainda não transei porque não sei se eu amo fulano".

No passado, era comum que algumas pessoas, principalmente as mulheres, só quisessem fazer sexo com alguém se tivessem certeza de amar esse alguém, ou se estivessem apaixonados ou apaixonadas por ele ou ela, ou seja, se essa fosse a "pessoa certa". E ainda hoje há quem fique esperando a tal pessoa. Há trinta anos, quando nós éramos adolescentes, era bem comum pensar assim. Muitas meninas demoravam para fazer sexo porque não tinham certeza se amavam loucamente a pessoa, se tinham encontrado o "cara da vida", "o especial", sem nem saber o que amar loucamente significava. É claro que existem os demissexuais, que só fazem sexo após criarem um vínculo com a pessoa (afetivo, intelectual etc.), mas não é disso que estamos falando.

O interessante aqui é que muitos adolescentes começam sua vida sexual tendo várias experiências que envolvem "fazer tudo menos transar" – e o transar aqui é entendido como a penetração em si. Isso significa que, mesmo nos dias de hoje, para muitos jovens o sexo oral, por exemplo, segue não sendo considerado sexo, ainda que exista tanta informação disponível por aí.

Claro que cada época tem seu conjunto de valores: sabemos que são transitórios, importantes para aquele tempo, e que mudam com a evolução da sociedade. Muitas coisas já foram desconstruídas na educação sexual, e já avançamos muito nesse aspecto. A explosão da aids, por exemplo, no fim do século XX, nos obrigou a dizer: "Vamos conversar sobre sexo". Assim, as famílias tiveram de tratar do tema, falar sobre camisinha, as escolas precisaram abordar o assunto, e até nas igrejas hoje se fala sobre isso com naturalidade, inclusive em grupos de jovens.

Por tudo isso, é de suma importância que o diálogo sobre sexo seja aberto. Os pais precisam falar abertamente sobre o tema, porque sexo vai trazer um imenso prazer, sim, mas com ele vêm associados alguns "efeitos colaterais" indesejados na adolescência: os perigos das infecções sexualmente transmissíveis (ISTs), uma gravidez não planejada nem desejada e um mundo novo de coisas para se lidar – lugar seguro para transar, camisinha e outros métodos anticoncepcionais, orgasmo, ereção, lubrificação, controle de período fértil e menstruação, exames de saúde, expectativas, frustrações etc. Se seu filho ou filha terão vida sexual ativa, então é melhor que eles tenham com o sexo uma relação de naturalidade.

Adolescentes também engravidam: infelizmente, acontece. Uma vez, Renato usou essa palavra – infelizmente – em uma palestra e foi bastante criticado por tê-la dito, como se isso fosse um preconceito da parte dele. A sustentação do seu argumento é muito fácil de entender, e é muito científica: baseia-se no princípio de que alguém que ainda não está maduro, plenamente desenvolvido, não tem, *a priori*, condições de cuidar e nem de sustentar uma criança, que é o mais dependente filhote de toda a natureza primata. Não é à toa que um dos fatores de risco para negligência e maus-tratos infantis é o fato de os pais serem adolescentes.

Ao longo do nosso amadurecimento, nossas responsabilidades vão aumentando de modo proporcional ao que somos capazes de dar conta. Não é esperado que crianças ajudem no orçamento familiar, embora isso aconteça às vezes. Não é esperado que adolescentes que ainda não sejam totalmente autônomos e responsáveis engravidem, embora isso também aconteça. Posto isso, nós temos de lidar com dois fatores: a prevenção para que isso não aconteça e a ação caso isso venha a ocorrer.

Vamos falar de prevenção primeiro. Começa pela aceitação da sexualidade humana, tanto masculina quanto feminina, e isso envolve naturalizar o sexo e podermos falar abertamente sobre ele. Falar, por exemplo, que os impulsos e desejos sexuais existem independentemente do amor romântico. Precisamos partir do princípio de que os adolescentes vão transar e se interessar por sexo e, para tal, precisam de prevenção por meio de informação.

O nível de naturalização e instrução sobre o sexo é inversamente proporcional ao risco. Claro que há a impulsividade adolescente, que pode botar tudo por água abaixo, mas eles precisam saber que existe uma coisa chamada pílula do dia seguinte. Adolescentes precisam ir ao ginecologista, e os meninos precisam que os hebiatras – médicos especialistas em adolescentes – e que seus pais e professores falem com eles sobre sexo em uma perspectiva respeitosa, não por meio de uma ótica machista.

Aliás, precisamos combater o machismo estrutural na cabeça dos meninos e das meninas também, para que elas, no futuro, eduquem homens responsáveis e respeitosos com o feminino. A escola também tem um importante papel na questão educacional a cumprir aqui.

E se a adolescente engravida? O que fazer? Os pais decidem? O aborto é uma alternativa? Considerando que ele é um procedimento ilegal e criminoso no país, isso aumenta o desespero da situação. Se há crenças religiosas envolvidas, ele não é nem cogitado. Mas e quem vai criar a criança?

Quem vai sustentar? Os jovens devem se casar? Morar juntos? Mas onde? E como? E como ficam os estudos? Só nesses questionamentos já existe uma complexidade sem tamanho para resolver. Essas questões jamais existiriam se estivéssemos falando de pessoas maduras, responsáveis e capazes de criar filhos. Dois adultos que planejam e desejam formar uma família e têm respostas e planos certos para cada uma dessas perguntas.

Em uma situação ideal, seria importante que os pais dos adolescentes se reunissem e se aliassem para gerenciar o problema. Mas vamos polemizar aqui. Os pais dos adolescentes podem e devem participar de uma decisão que envolva aborto? O aborto pode representar um trauma para os adolescentes? E para os pais, por cometerem ou pensarem em cometer um ato ilícito? É justo ter que pagar contas que não foram criadas por você, além de ter de educar uma criança que você não planejou? Os avós vão ganhar um bebê de presente? Eles pediram isso? Abortamos o bebê ou abortamos a adolescência dos nossos filhos? Infelizmente, para essas questões todas não temos indicadores mais precisos do que fazer, e cada situação é única. É imprevisível o que vai acontecer nessa sopa de emoções e opiniões. Só o acontecimento e o tempo nos mostrarão o impacto disso na vida de cada um. Todavia, ocorrido o fato e ele sendo irreversível, será sempre importante a validação emocional dos envolvidos. Caso contrário, as marcas e os traumas podem ser para a vida toda, inclusive do bebê que virá. Vale sempre lembrar que validar não é concordar.

Quando Thalita estava escrevendo *Era uma vez a minha primeira vez*, buscou a consultoria de uma ginecologista para não cometer gafes ou ser indelicada no que estava escrevendo. Além de todas as informações importantes que ela passou, algo chamou bastante atenção na fala dela. Meninas das comunidades engravidam mais cedo, querendo os filhos para ter uma função que as preencha e lhes dê significado de vida. Porém, pesquisas demonstram que ambientes nos quais o acesso a fatores básicos da vida, como educação, saúde e saneamento básico, é mais escasso, a desinformação facilita o início antecipado da vida sexual e da reprodução. A atividade sexual está vinculada ao amadurecimento precoce que uma vida com muitas adversidades acaba gerando.

Não é justo que adolescentes venham a ter bloqueios em uma das áreas mais prazerosas e gratificantes da vida por desinformação ou, pior ainda, por discriminação e preconceitos. Os pais precisam entender que podem fazer parte da cultura e dos conceitos sobre sexo que os filhos terão. Isso é querer o bem para eles, isso é ser empático.

O fantasma do conservadorismo sexual está assombrando os jovens da classe média brasileira. Parece que há muita gente fingindo que adolescentes não se interessam por sexo ou não estão já fazendo sexo, e que isso só vai acontecer como no início do século passado, só depois do casamento. Fingir que o assunto não existe não vai resolver questões complicadas, principalmente depois que elas aparecem.

O problema todo é o efeito disso nos relacionamentos e na sociedade em geral, que contribui para a manutenção do machismo estrutural arraigado a nossa sociedade e tudo que ele tem mantido de ruim até agora. Isso estimula a submissão feminina, com a ideia de que as mulheres devem se resguardar sexualmente para terem valor, e também a ideia de que os homens agem como se fossem superiores a elas. Também esmorece o desejo ardente por mudanças sociais pelas quais lutamos faz tempo, nos distanciando do mundo da tão sonhada equidade social. É por isso que os pais devem buscar esclarecimento sobre o assunto. Eles precisam se renovar também, para que mudanças profundas ocorram na educação básica. Muitos nem sabem o efeito negativo que a desinformação ou a educação sexual tradicional podem gerar na vida futura dos filhos.

Dicas para pais e responsáveis: primeiramente, se informe e se atualize sobre o tema para conversar com seu filho ou sua filha. Desinformação não implica má intenção, tampouco déficit cognitivo. Quer dizer apenas que não estamos acompanhando as galopantes mudanças conceituais na sociedade. Aquilo que valia no passado talvez já não faça mais sentido nos dias atuais. Procure tratar de modo similar tanto seu filho homem quanto sua filha mulher, e tenha em mente que o sexo é importante na vida de qualquer pessoa e que não queremos criar bloqueios emocionais em quem amamos com relação a esse assunto. Para tal, fale de forma realista sobre sexo com seus filhos, prepare-os para a vida sexual ativa sem preconceitos e considere que o mundo mudou – e continuará mudando. Precisamos acompanhar de perto para não ficarmos "tecnicamente" mortos. Fingir que seus filhos não terão desejo sexual e nem transarão não é um bom caminho. Tudo o que um adolescente precisa é ser informado sobre o desejo sexual e o sexo como algo que dá muito prazer e que pode ser muito perigoso ao mesmo tempo. Adolescentes precisam saber que há sexo sem amor, assim como há amor sem sexo. Precisam saber que o corpo é um pertencimento individual que só compartilhamos com quem realmente desejamos. E, ainda, que a prevenção é uma forma de não abortar uma vida cheia de planos e de um futuro. Leve sua filha adolescente a um médico ginecologista, preferencialmente logo após a menarca. A informação profissional tem um excelente resultado para os adolescentes. Não serão os pais falando, e isso gera confiança e aliança com o médico. Faça o mesmo com seu filho homem. Deixe um profissional falar com ele sobre sexo e prevenção. Não que você não possa fazer isso, pelo contrário, mas pai e mãe não são o suficiente em casos assim para dirimir as dúvidas.

SEXUALIDADE

A sexualidade envolve comportamentos, emoções, pensamentos e percepções sensoriais que estão relacionados a si mesmo e aos outros, promovendo satisfações em relação ao corpo e, sobretudo, autoconhecimento, autoconsciência, erotismo e realização dos desejos e das necessidades de expressão do sexo pleno. A sexualidade está para além do ato sexual. Ela envolve uma complexidade de interações que não precisam, necessariamente, da presença do outro para se expressar. Com maior tolerância da sociedade com relação ao tema, cada vez mais a sexualidade se torna um componente fundamental ao estabelecimento de uma vida saudável e prazerosa para todos.

Sexualidade, assim como sexo, também é um tema complexo e envolve um mundo de diversidades, com uma ampla gama de manifestações e expressões, cuja abrangência necessária, por mais que tenhamos cuidado, nunca conseguiremos atingir.

A matriz do comportamento afetivo e sexual se modifica conforme o momento cultural pelo qual a sociedade passa, e a de hoje certamente é muito mais plural e inclusiva em relação à das gerações passadas. O antigo modelo estabelecido e aceito na sociedade para a formação de casais, que era aquele formado exclusivamente por pessoas heterossexuais e cisgênero, já não é mais o único admitido, inclusive por lei. A união civil entre pessoas não cis heteronormativas já é garantida juridicamente no Brasil.

Identidades de gênero diversas são muito mais aceitas hoje por grande parte da sociedade, assim como diferentes orientações sexuais. Homossexuais, bissexuais, demissexuais, pansexuais e várias outras denominações para comportamentos afetivo-sexuais já são de conhecimento comum e muito mais admitidas sem o preconceito de antigamente.

Entre os adolescentes, já é mais naturalizado se interessar mais pela pessoa em si do que pelo sexo biológico que a define – ou não a define – ou pelo gênero. E se existe o sexo sem amor, existe também o amor sem sexo, e os assexuais, ou *aces*, são um grupo que deve ser considerado e respeitado também, dado o número significativo de pessoas que vive dessa maneira, com pouco ou nenhum sexo, mas bastante afeto e vínculos.

Sempre recomendamos muita cautela para nunca ferirmos sentimentos de qualquer pessoa por desconhecimento de causa. O que Renato e colegas especialistas em adolescentes debatem em congressos é que a matriz da sexualidade humana mudou e continua mudando a passos largos, a ponto de, muitas vezes, não conseguirmos acompanhar tudo o que está acontecendo. Sendo assim, como terapeutas, ficam angustiados em atender adolescentes que podem trazer questões para as quais ainda não têm o conhecimento prévio e, com isso, proporcionar aos pacientes uma sensação de incompreensão e de não validação da sua história de vida.

É muito importante que sempre estejamos abertos à atualização, e isso vale para terapeutas, pais, educadores, enfim, para todos. E quem melhor para nos ensinar? Eles, os adolescentes. Recomendamos que, sempre que uma narrativa nova apareça com relação a esse e a qualquer outro assunto, tenhamos humildade de aprender, de entender, de validar, e não expressar julgamentos prévios. Lembre-se de que você, pai ou mãe, não precisa dizer nada, mas sua expressão facial e corporal pode comunicar tudo, sem a emissão de uma palavra sequer, e isso soará como invalidação.

Com base em dados de muitos anos de prática clínica, sabe-se que muitos pais justificam a preferência pela orientação heterossexual dos filhos, justamente pelo medo de que sofram agressões e discriminações na sociedade. Não temos tanta certeza assim de que essas sejam afirmativas totalmente honestas, ou fruto de uma postura talvez conservadora. De todo modo, a justificativa em si diz respeito a quererem uma vida segura para os jovens.

Mas o argumento é frágil, e acaba de certa maneira facilitando a discriminação e o preconceito. Se um pai acha que seu filho pode ser discriminado pelos outros, possivelmente ele próprio o tratará como uma vítima potencial de discriminação, o que talvez possa naturalizar para o filho ser discriminado, e isso não é nada bom. Hoje em dia, discriminação e preconceito são crimes, e temos que ensinar aos nossos filhos o exercício da cidadania e a exigência do cumprimento das leis.

Thalita, com a sua escrita, tem proporcionado o contato com temáticas relacionadas à sexualidade desconhecidas de muitas pessoas. Suas recentes publicações abordam, justamente, questões relacionadas a esse tema de um modo realista, validante, cuidadoso e muito empático.

Livros para adolescentes com temática sobre diversidade sexual são importantes porque trazem a realidade do mundo e dos fatos para a representatividade artística. Quando o assunto é falado e debatido, a sociedade vai se acostumando, conhecendo, se habituando e diminuindo seus preconceitos. É preciso dar voz para todas as expressões que compõem a sociedade contemporânea, e o papel da Thalita e de outros autores para adolescentes é produzir conteúdo na forma de livros, filmes, roteiros e peças teatrais que abarquem tudo isso e contribuam para a equidade social na diversidade das expressões sexuais e de gênero.

Já avançamos muito sobre preconceito em relação a pessoas não heterossexuais, não cisgênero, mas sabemos que ainda existe e que há muito o que avançar na sociedade para que tenhamos aceitação e liberdade de ação e manifestação. Apesar de termos dado passos muito importantes com a mais recente geração, o machismo estrutural ainda está muito vivo e mediando muito as relações interpessoais. O preconceito pode ser combatido com um sistema educacional voltado para a empatia e para relações sociais saudáveis. Quanto mais pessoas educadas houver para as relações empáticas, mais o cenário mudará – e daqui a pouco a coerção social vai ser em cima de quem se mostra homofóbico.

Desde já é importante sermos intolerantes com a intolerância. Não basta não sermos homofóbicos, é preciso ser anti-homofóbicos, assim como não basta não sermos racistas, temos que ser antirracistas. Não podemos condenar nem massacrar as pessoas psicologicamente por serem apenas o que a sua natureza diz para que sejam. Não temos o direito de legislar e nem de normatizar o que é certo e o que é errado nas expressões da sexualidade alheia. Cada um se deita com quem quiser, cada um cuida da sua vida, e todos ganham com isso.

Dicas para pais e responsáveis: a orientação sexual de alguém, seja ela qual for, é natural. Não é problema, não é doença, não pode ser alterada. Logo, não tente mudar ou "curar" seu filho ou quaisquer outras pessoas acerca da expressão de sua sexualidade, se você não acha que é certa. Proponho aqui um exercício de empatia: a sua própria sexualidade não veio naturalmente? Imagine alguém tentando "curar" você, para que mude sua orientação, por exemplo, de heterossexual para homossexual. O que você sentiria? É o mesmo que sentem essas pessoas. Expressões diferenciadas da sexualidade são fenômenos normais, legítimos, esperados, e existem desde que o mundo é mundo. Não há nada de errado e nem de aberrante. Tenha em mente que, se está na natureza, é natural. Seja empático e se coloque no lugar de quem não se sente aceito simplesmente por ser como é. Você gostaria de se sentir um pária na sociedade por sua cor de pele, sua sexualidade, sua profissão, seu jeito de se vestir? É simples: as pessoas discriminadas se sentem assim. As relações de amor entre pais e filhos não podem estar condicionadas a esses preconceitos.

SUICÍDIO

O suicídio é uma atitude drástica tomada em situações nas quais o desespero, o desamparo, o abandono e a desesperança acabam prevalecendo. É o que chamamos em saúde mental de "uma atitude definitiva para uma situação temporária". O suicídio não pode ser resumido apenas ao ato de atentar fisicamente contra a própria vida: a ideação suicida pode estar presente sem que nenhuma atitude em direção ao ato contra a vida tenha ocorrido. Declarações do tipo "tenho vontade de sumir; de dormir e não acordar; vontade de ir para longe de tudo e de todos" acabam manifestando fatores de risco para o ato suicida. Por isso, temos de estar atentos aos sinais. Há ainda os comportamentos que chamamos de parassuicidas, que são aqueles atos de risco e exposição pessoal que não demonstram uma intenção consciente de se matar, como por exemplo dirigir em alta velocidade depois de ingerir álcool ou drogas, se expor a diversas situações perigosas de modo desnecessário, além dos comportamentos de descuido com saúde e automutilação que muitas vezes acabam por ter um desfecho fatal.

Atualmente, é preocupante o índice de suicídio entre adolescentes. Por isso, precisamos falar abertamente sobre esse assunto. O que está acontecendo, afinal?

O suicídio tem preocupado a ciência já faz algum tempo por apresentar características de epidemia mundial.

A questão é que antes ele se restringia muito mais à população adulta, tendo baixos índices estatísticos entre adolescentes e crianças. Na última década, porém, o quadro começou a mudar, e os números de suicídio na adolescência e, pasmem, também na infância começaram a assustar os profissionais de saúde mental.

As estatísticas mundiais deram um grande salto. Não existe um motivo específico, apenas variáveis correlacionadas ao fenômeno. Dentre elas há desagregação familiar, suicídio na família, abuso e violência contra crianças e adolescentes, abuso de substâncias, violência ambiental e, um dos mais importantes, o encurtamento da infância e da adolescência por uma demanda excessiva de habilidades acadêmicas e qualificação pessoal, o que acaba gerando altos índices de estresse e desesperança nessa população.

Sem dúvida nenhuma, a pandemia também contribuiu para agravar o quadro. A adolescência é a fase em que a socialização desabrocha definitivamente. O cérebro está aberto para ser nutrido pelas interações entre os pares, para que se desenvolvam as habilidades socioemocionais fundamentais para a nossa intersecção social. O que a pandemia fez? Privou nossos adolescentes das interações sociais. Mais que isso, deixou-os imersos em um estressor perigoso, a covid-19, que poderia atingi-los ou contaminar algum ente querido próximo.

O efeito desse estresse por pelo menos dois anos, somado à privação social, acabou gerando uma "desnutrição" socioemocional muito drástica nos adolescentes. As capacidades de manejo de frustração, de estresse e de regulação emocional diminuíram muito, e o suicídio passou a rondar a vida dos adolescentes, ilustrado por fatos. Em muitas escolas, ocorreram casos de suicídio nesse período de pandemia. "E se meu amigo fez...", aquilo que não era uma alternativa a partir de agora passa a ser.

O exemplo pode ser um grande fator encorajador. A imprensa restringe as notícias sobre suicídio justamente para não banalizar o tema. Esse fenômeno chamou a atenção da sociedade no século XVIII, mais especificamente em 1774, sendo chamado de efeito Werther, quando este jovem personagem do escritor alemão Goethe cometeu suicídio depois de estar cansado de sofrer de amor. Essa publicação desencadeou uma epidemia de suicídios entre jovens europeus e espantou a todos. Desde então, conhecemos o efeito negativo do exemplo no suicídio. Em 2017, um "jogo" chamado Baleia Azul se espalhou pela internet, induzindo ao suicídio. Ele gerou um efeito semelhante entre adolescentes, o que chocou o mundo todo.

O movimento Setembro Amarelo surgiu recentemente como uma forma de encorajar as pessoas a falarem sobre suicídio de um modo que não incentive ninguém a se matar. É justamente o oposto. Sabemos que as pessoas, antes de cometer suicídio, ficam por muito tempo ruminando, maturando a ideia. Se essa ideação for compartilhada antes, ou conhecida pelas pessoas próximas, soará como um pedido de ajuda e muita coisa poderá ser feita para evitar a atitude drástica. O Setembro Amarelo quer desmistificar isso, quer tornar relativamente natural o ato de pensar sobre, mas não o ato de se matar.

Precisamos tirar o tabu da cabeça das pessoas que pensam nisso. É um momento de vulnerabilidade, um pedido de ajuda, um grito por socorro de alguém que precisa urgentemente de ajuda para superar. O Setembro Amarelo quer transmitir para as pessoas a mensagem: "peça ajuda, há alguém que poderá ajudá-lo", e isso é corajoso e nobre.

A ficção e a dramaturgia, ao abordar esse assunto, precisam ter muito cuidado. Thalita trouxe esse tema no livro do Zeca (*Confissões de um garoto talentoso, purpurinado e "intimamente" discriminado*), no qual o desfecho não é o suicídio, mas sim uma superação dessa ideia. Assim como o Setembro Amarelo, tratar o assunto dessa maneira desmistifica o tema e o traz para o nível da realidade. Isso passa pela cabeça de muita gente, adolescentes inclusive. Porém, entre passar pela cabeça e cometer o ato há muito caminho a ser percorrido, e o que acaba salvando é o fato de falarmos sobre o assunto e podermos oferecer a oportunidade de a pessoa buscar suas redes de apoio.

Dicas para pais e responsáveis: estejam atentos a sinalizadores comportamentais, como uso de drogas, sono em excesso, desesperança, isolamento, automutilação e banalização da morte por meio de narrativas. Se colegas ou amigos tentaram ou cometeram o ato suicida, fique atento a esses sinais, pois isso aumenta a probabilidade de um adolescente identificado flertar com o assunto. Valorize a vida e manifeste situações de fraqueza emocional para seus filhos. Isso demonstra uma conexão com a realidade e expressa uma forma de se abrir para o cuidado dos outros. Agindo assim, você estará sendo um modelo para ele, ensinando-o a buscar ajuda quando necessário. Há um fenômeno chamado de "herança maldita do suicídio", no qual pais que banalizam ou cometem suicídio ensinam aos filhos uma rota de fuga para quando os problemas surgem. Filhos de suicidas, ou com história de suicídio na família, possuem maior probabilidade de se suicidar, e ninguém deseja isso para um filho. Diante de manifestações de ideias suicidas ou de indicadores de depressão, não banalize os sintomas. Fale com seu filho abertamente e busque ajuda profissional.

TEMPO

Diante de uma sociedade que cada vez mais nos exige qualificação, habilidades e responsabilidades, é fundamental sabermos que o adolescente é um ser que tem uma noção de tempo diferente. É como se ele tivesse um relógio interno que nem sempre corresponde ao tempo físico que o relógio dos pais marca. Isso ocorre pela discrepância na percepção temporal nessa faixa etária. Adolescentes possuem grande assimetria entre o tempo da consciência e o tempo emocional. Eles amadurecem de modo diferente. O cumprimento e a percepção do tempo precisam ser relativizados quando tratamos da adolescência.

Vamos falar da relação dos adolescentes com o tempo. Eles têm uma relação diferente não só com o tempo, mas também com o espaço. Seu cérebro é voltado para o hedonismo, para aquilo que é prazeroso. Querem tudo para agora, ou melhor, para ontem. Mas aquilo que é chato, que é desagradável, eles prefeririam chutar para o mais longe possível.

Por exemplo: faltam seis horas para um adolescente ir a uma festa e ele já está pronto, de banho tomado, dentes escovados, perfumado. Ele fica andando dentro de casa ansiosamente, como se já estivesse quase na hora de ir. E o mais incrível é que ele faz tudo isso por iniciativa própria. No outro dia, um domingo, são oito horas da noite e ele está totalmente relaxado, se esbaldando no sofá da sala, sendo que ele tem uma prova de matemática importante na manhã seguinte, e seus pais estão na sua cola implorando para que vá estudar. Quando for questionado por qualquer um dos exemplos acima, ele dirá: "Não quero me atrasar (festa)" e "Minha prova é só amanhã de manhã, tem muito tempo ainda".

Isso é, de fato, uma sensação de tempo descolada da realidade. Com a percepção espacial acontece o mesmo: há uma distorção. O corpo cresce rápido e aquele desengonço, aquela estabanação de quem não se habituou ainda ao seu novo tamanho aparece com muita frequência. Por isso, o adolescente tem distorções espaço-temporais, e isso tudo é parte normal da adolescência.

Quando a criança vira adolescente, ela continua não tendo essa noção de tempo. O que uma criança de seis anos, por exemplo, está fazendo quando pergunta insistentemente: "Quanto tempo falta para chegar?". Ela está começando a tentar internalizar e a entender seu conceito de tempo. "Papai, quanto tempo falta pra gente chegar?" "Sessenta minutos, uma hora." "Mas quanto é isso?" Passados quinze, vinte segundos, ela pergunta de novo. Pode-se dizer qualquer número, quarenta, 65, oitocentos: ela está tentando criar um conceito mental, uma internalização dessa coisa temporal.

O adolescente, apesar de já ter uma noção mais clara, racionalmente age muitas vezes em descompasso com a noção temporal por um simples fato: o tempo racional e o tempo emocional ainda não estão sincronizados. É a imaturidade emocional que proporciona isso. O cérebro adolescente está sob uma tempestade de profundas profusões sinápticas. Ele está maturando o seu sistema emocional, e o amadurecimento das emoções é mais lento que o da razão. Há o descompasso temporal de maturação entre os sistemas, mas não costumamos ter paciência para isso. Queremos uma adequação "compatível com a idade". Só que o compatível com a idade, nesse caso, é exatamente o que está acontecendo. Estamos falando, portanto, de mais um fenômeno normal da adolescência.

Há também aquela dificuldade imensa de sair da cama cedo da manhã para um compromisso como, por exemplo, ir à escola. O despertador toca na hora de acordar, o adolescente coloca no modo soneca até o ponto de se dar conta de que está absolutamente atrasado. Mas isso tem muito a ver também com a questão específica do sono nessa fase. O cérebro adolescente gasta muita energia, pois crescer é dispendioso em todos os aspectos energéticos. Eles comem feito uns esfomeados e dormem como ursos hibernando, pois seu corpo precisa disso. Dormir é fundamental para que a maturação ocorra de um modo saudável. Mas atente para um detalhe: acordar para a escola é uma epopeia, mas... Sábado tem campeonato de futebol às oito da manhã e o despertador tocou uma vez e bastou! São os paradoxos adolescentes em campo mais uma vez.

Os pais ficam pensando se isso tem a ver com responsabilidade ou o que podem fazer para mudar esse quadro. Depende do perfil do adolescente em questão. Um dia, Renato escutou de um casal o seguinte relato: "A Maria Clara, que tem hoje dezoito anos, sempre foi uma menina que nunca precisamos mandar estudar. Ela sempre acordou cedo, nunca perdeu a hora. Acordava com o despertador sozinha e fazia seu café da manhã. Já com o irmão, João Pedro, que agora é um adolescente de catorze anos, temos que ir ao quarto dele várias vezes, precisamos brigar e gritar para que acorde".

Se pararmos para analisar esse relato, atípico na adolescência é o comportamento da Maria Clara. Os pais tendem a pensar que Maria Clara terá menos problemas na vida por seu comportamento responsável. Por incrível que pareça, isso não significa nada. Entretanto, não devemos compactuar com a irresponsabilidade adolescente nunca. Quando um adolescente é irresponsável – por exemplo, não acordando de manhã para ir à escola –, ele precisa de tutela, de monitoramento. Precisamos deixar claro que isso não é um fracasso parental, porque os pais tendem a ver isso como "O que fizemos de errado?". Um filho assim só vai precisar de mais tutela, talvez um pouco mais de tempo para internalizar o que é importante na vida. Adolescentes requerem que estejamos na sua cola o tempo inteiro, e isso dá muito trabalho mesmo.

Dicas para pais e responsáveis: a educação de jovens não segue receitas, não é como fazer um bolo. Porém, há um fator de correlação bastante positivo para o desenvolvimento e a internalização das funções e papéis de cada um em casa: ela se chama rotina. Tanto crianças quanto adolescentes precisam de hora para acordar, para ir à escola, para se alimentar, para dormir, para executar tarefas de casa e da escola, além da organização do tempo livre. Um ambiente com rotina organiza e acalma o cérebro, e isso faz parte da biologia infantil e do adolescente também.

Procurem organizar um ambiente estável e com rotinas para que seu filho internalize a percepção temporal de uma forma mais rápida e realista. A tendência adolescente de se desregular emocionalmente se agrava diante de ambientes desorganizados e confusos. Procure estar conectado e monitorando, mesmo que à distância, as responsabilidades e as exigências que seu filho deve cumprir. Não se esqueça de que seu filho está em uma fase da vida em que o tempo livre para socializar ou mesmo para estar sozinho no quarto descobrindo o mundo é fundamental.

TERAPIA

A psicoterapia é uma forma de tratamento de saúde mental que ajuda as pessoas no gerenciamento de suas problemáticas individuais, sejam elas patológicas ou apenas de autoconhecimento. Buscar tratamento ou acompanhamento psicoterápico é uma forma de investimento em saúde mental para a melhoria da qualidade de vida e para a promoção de resiliência. A terapia na adolescência é muito bem-vinda e recomendada, pois pode ajudar enormemente o jovem a organizar seus sentimentos, pensamentos e emoções. Ela é muito válida nessa fase de mudanças extremas e de acontecimentos inéditos, em que tudo ocorre com grande intensidade e está em ebulição.

Não é preciso que um problema grave aconteça para a terapia ser indicada para um adolescente. O simples fato de passar pela fase já justificaria um apoio terapêutico. Mas os inúmeros problemas mentais que muitas vezes surgem e afetam silenciosamente os jovens certamente necessitam de uma ajuda profissional.

A terapia sempre existiu, e graças a ela muitas pessoas conseguiram passar por momentos muito difíceis da sua história. Ela sempre foi considerada um excelente investimento na própria pessoa e na sua saúde mental.

A terapia também esteve presente particularmente em nossas vidas e em nossas obras. Em muitos livros da Thalita, há personagens que são terapeutas e psicólogos. Por isso, recomendamos terapia para todos que puderem fazer, e sempre dizemos que é preciso ter coragem e força; afinal, em muitos momentos, o processo é bem dolorido.

Para os adolescentes chegarem aos consultórios dos psicólogos e terapeutas, geralmente são as escolas que alertam os pais de que algo não está nos conformes e os convencem a procurar ajuda de um especialista para seu filho. O problema é que, quando chega a esse ponto, é sinal de que as coisas já estão bem complicadas, o que dificulta muito o trabalho dos profissionais.

O adolescente tende a ver o terapeuta como um representante da escola ou dos pais, como mais um para "cobrar coisas" dele, para "encher o saco", o que traz uma dificuldade a mais para que a aliança terapêutica que estabelece a confiança entre paciente e profissional se crie – e ela é fundamental no processo de terapia. Quando a terapia soa como uma punição, o trabalho acaba sendo bem complicado, e é difícil desmontar isso.

O problema de um adolescente nunca é só dele. Em geral, é um problema familiar. Os pais, como parte do sistema, muitas vezes não identificam que a situação possa já estar grave ou fora de controle. As coisas vão acontecendo devagar e podem gerar uma habituação para todos, a ponto de ninguém enxergar que aqueles relacionamentos conturbados são algo a ser tratado. É claro que alguns pais – que não são a maioria, que fique bem claro – conseguem perceber o que está acontecendo e buscam ajuda.

Com uma certa "popularização" do assunto saúde mental nesta década, alguns adolescentes passaram a buscar terapia por iniciativa própria. Isso acontece bem mais entre as meninas do que entre os meninos. O curioso é que as mulheres em geral, de todas as idades, se preocupam mais com saúde mental do que os homens, o que é um fenômeno bem conhecido pelos terapeutas. Todavia, de um modo geral, procurar terapia não é uma iniciativa comum entre adolescentes. Em geral, eles costumam ser encaminhados por terceiros, seja a escola, seja a família.

Para isso, pai e mãe têm que concordar com o tratamento. Afinal, o adolescente não tem autonomia para custeá-lo. Já vimos várias situações em que um dos pais acha que deve procurar ajuda e o outro acha que não, que o que está acontecendo é um problema transitório e que logo vai se resolver ("magicamente").

Muitos pais ainda interpretam buscar ajuda em saúde mental para um filho como sinônimo de fracasso parental. Infelizmente, essa é uma realidade comum de se ver na clínica, e nem sempre os pais concordam um com o outro sobre a condição do filho. Há aqui um mito social a ser desconstruído. Pais não são seres perfeitos, e o problema do filho não necessariamente envolve responsabilidade ou culpa parental. Salvo casos graves, como praticar violência doméstica, por exemplo, as problemáticas dos filhos refletem o modo de eles interagirem com o mundo – e não necessariamente uma ação de responsabilidade direta dos pais.

O importante é que os pais sejam sensíveis e disponíveis para ajudar. Culpar-se por isso não agrega nada e só fragiliza a qualidade das relações. Por outro lado, quando um filho vai se tratar, acaba mexendo com toda a estrutura da família. É como uma peça que se move no tabuleiro: ela reconfigura todo o jogo. Em suma, pais precisam rever suas posições quando um filho vai a tratamento, e isso dá trabalho e pode mexer com feridas antigas e profundas. E nem sempre eles estão dispostos a lidar com isso.

É muito bom e saudável podermos proporcionar para os filhos um processo de autoconhecimento profundo, um espaço de reflexão e de resolução de conflitos. Terapia nos propicia uma caminhada muito bonita e, para o adolescente que já tem o senso crítico mais aguçado, a habilidade de usar esse traço para rever o modo como ele processa suas experiências de vida acaba sendo uma oportunidade ímpar e que deve fazer uma grande diferença para a sua história pessoal.

Vale esclarecer que por muito tempo fazer terapia era possível apenas a uma elite que dispunha de condições financeiras para tal. Isso, felizmente, mudou muito. Hoje existem vários centros de atendimento para todos os níveis de renda familiar. Há ainda as clínicas de escolas e de universidades, que oferecem atendimento totalmente gratuito. Hoje em dia, buscar ajuda depende muito mais de esclarecimento e de boa vontade do que de condições financeiras favoráveis.

Dicas para pais e responsáveis: conflitos e situações que abalam nosso bem-estar psicológico podem acontecer em qualquer fase da vida. A adolescência, com a sua natural vulnerabilidade, pode ter momentos críticos para os quais os pais precisem de ajuda técnica na resolução dos conflitos emergentes. Buscar ajuda de um terapeuta para seu filho não significa fracasso parental. Pelo contrário, demonstra empatia, boa vontade e cuidado com ele. Sendo a adolescência uma fase da vida que produz fenômenos complexos, é legítimo não tentar lidar sozinho com eles. Hoje em dia, saúde mental deixou de ser um tabu. Da mesma maneira que vamos ao médico ou ao dentista, quando temos problemas psicológicos devemos buscar ajuda terapêutica.

UNIVERSIDADE

Universidade é o lugar da produção e aquisição de conhecimento formal e tradicional, a base da criação científica e do avanço tecnológico da sociedade. Nosso processo educacional, desde que entramos na escola, visa um fim: ingressar em uma universidade. Socialmente, ainda há uma hierarquia de valores que, mesmo que subliminarmente, visa a formação acadêmica. A vida cada vez mais dinâmica e o surgimento de novas profissões de sucesso, que estão muito distantes dos bancos universitários, exigem uma atualização dos nossos valores morais sobre educação e sobre o que significa, realmente, o êxito profissional. A adolescência é a fase mais próxima da porta de entrada na universidade, da escolha profissional, da decisão da carreira, e tudo isso é motivo de estresse e angústia para os jovens.

Escolher uma profissão, decidir qual carreira seguir, terminar o ensino médio, fazer cursinho (ou não), prestar vestibular, entrar na faculdade. Para muitos, o final do terceiro ano é seguido por esse caminho, muito bem conhecido por muitos pais dos adolescentes de hoje. Essa geração que hoje é pai ou mãe de adolescentes veio de uma época em que a profissão se aprendia em uma faculdade, ou pelo menos o ensino superior era extremamente valorizado. É natural pensar que isso vai acontecer também com os filhos. Mas as coisas mudaram.

Hoje, com a extrema velocidade do desenvolvimento da tecnologia, com a inteligência artificial acessível a todos, com as novas funções e trabalhos que surgem e outros que desaparecem pelo desemprego tecnológico, e com todo o conhecimento à disposição na internet para quem deseja aprender, o ensino superior tradicional, em que se fica quatro ou cinco anos estudando algo que já estará obsoleto ou insuficiente quando o jovem se formar, já não soa muito atraente como antes. E nem muito eficiente. Para muitas profissões que estão surgindo ou que surgirão nos próximos anos, não existe curso superior que prepare os profissionais.

Em decorrência de tudo isso, temos notado nos adolescentes um certo desinteresse pelo estudo universitário formal. Sabemos que eles são apressados e imediatistas, mas não têm mais interesse em investir em algo que vai levar anos para se concretizar e não vai trazer uma formação suficiente para atuar no mercado profissional. Ao mesmo tempo, percebemos muita curiosidade por profissões novas, geralmente ligadas à tecnologia e ao uso da internet, cuja informação e formação podem ser obtidas por meio da própria internet, de modo autodidata. Isso tem assustado muito os pais, que têm uma visão mais tradicional da carreira, do trabalho, da formação universitária. Sua grande preocupação é como os filhos vão ganhar dinheiro para se sustentar no futuro, quando adultos.

Isso tudo é legítimo dos pais, mas também é legítimo dos filhos.

Renato escuta muito tudo isso dos adolescentes em consultório. O fato é que o modo tradicional de aprendizado é a antítese de investimentos de longo prazo em carreiras profissionais, o que coloca em xeque a ideia de que a escola nos prepara para a universidade. A internet derrubou o muro da aldeia e nos permitiu olhar para fora e ter curiosidade de conhecer e de viver aquilo que está para além das nossas fronteiras. Isso instiga muito os jovens a quererem explorar o mundo com voracidade. Restringir a vida a uma profissão e a uma localidade geográfica para viver dá coceira e inquietação na nova geração. A sensação de que "há algo lá fora que é muito bom, muito melhor do que aqui, e eu não estou vivendo isso" não é boa de se sentir.

Então, qual a solução? Encurtar o tempo de formação, facilitar o acesso a um curso sem que a contrapartida envolva grandes investimento dos nossos jovens? Muitas instituições de ensino superior já entenderam isso e começaram a ofertar cursos com um currículo mínimo necessário para cumprir as exigências legais. Também há cursos baratos, com muitos incentivos e parcelamentos múltiplos, e que ainda por cima podem ser feitos online. Essa é uma reação de mercado imediata de quem conseguiu fazer a "leitura" dessa geração atual, oferecendo a ela um produto acessível às necessidades dela, sem grandes contrapartidas. Com isso estão, inclusive, popularizando o ensino superior.

A universidade tradicional ainda dá uma formação técnica específica em determinadas áreas do conhecimento que deveria atrair apenas as pessoas vocacionadas, e não quem não tem nada a ver com aquilo. Quantas pessoas pulam de curso em curso sem conseguir a satisfação profissional e quantos se formam apenas para ter um título?

A realização profissional pode estar associada a várias profissões que não têm nada a ver com o ensino acadêmico formal. O conservadorismo social chega a assustar, tamanho seu reducionismo e sua necessidade de rotular todo mundo sob títulos conhecidos.

Esta é uma difícil tarefa que encontramos no trabalho com os pais dos adolescentes: tentar ajudá-los a confrontar esses mitos sociais, essas sentenças com valores morais que não se encaixam mais na realidade social. De novo caímos no manejo da frustração pessoal quando os filhos não correspondem às expectativas dos pais. Mas pelo bem das relações afetivas com os filhos e pela felicidade futura deles é necessário reconfigurar a ideia de que a qualificação, o sucesso e o reconhecimento social dependem de um título acadêmico.

As escolas, o ensino formal, os pais e a sociedade como um todo precisam se atualizar e começar a lidar com a ideia de que precisamos educar as crianças e os adolescentes para a vida e para o mundo real que está aí fora. Em vários países do mundo, ir para uma universidade está muito mais relacionado ao vocacional do que à tal pressão social, e as coisas funcionam muito bem. Inclusive, a qualidade de vida e o retorno financeiro que várias profissões não acadêmicas trazem nesses países é excelente. As pessoas precisam ser respeitadas pela sua profissão, independentemente do que fazem.

Há um aspecto muito importante que precisamos levar em consideração quando falamos em formação profissional. Muita gente se sente presa por fazer o que não gostaria de estar fazendo, cumprindo desejos alheios que não têm nada a ver com sua vontade, sofrendo altos níveis de estresse por isso. Pressionar os filhos para serem profissionalmente o que não querem pode ser um ato de violência psicológica. Precisamos pensar muito sobre isso, e os pais devem estar preparados para encarar também esse desafio, ou seja, precisam pensar em como lidar com a identidade profissional que seu filho irá escolher – e respeitá-la.

Dicas para pais e responsáveis: procure estar atento e informado sobre o tipo de trabalho e profissão que chama a atenção de seus filhos e que foge do cardápio das profissões tradicionais. Cogite a possibilidade do seu filho não querer dar andamento aos estudos após o encerramento do ensino médio. É óbvio que a qualificação e a busca por excelência são fundamentais, seja lá o que ele queira fazer. Todavia, isso não passa necessariamente por uma formação acadêmica. Precisamos estar abertos e atentos à reformulação de nossas crenças pessoais sobre a valorização estar associada a uma carreira construída nos bancos universitários. Escute seu filho sobre seus interesses, ajude-o a se direcionar, incentive e invista na sua qualificação, seja um investimento financeiro ou emocional. Apoio e incentivo é tudo de que eles precisam para a sua realização profissional.

VIOLÊNCIA

A vida e o comportamento dos adolescentes em nosso país são moldados por um limitador social chamado violência urbana. Em decorrência dos elevados índices de criminalidade que envolvem roubos, assaltos, sequestros, agressões e todo tipo de violência, a liberdade de ir e vir, de estar na noite em uma balada, de ficar desfrutando da companhia dos amigos até tarde em um final de semana nas ruas dos grandes centros, e até dos menores, hoje em dia fica extremamente abalada. Os adolescentes acabam tendo que se encontrar e socializar em ambientes relativamente seguros, e isso fica restrito a shopping centers e suas casas, prédios e condomínios, praticamente. Estar fora desses ambientes acaba sendo um verdadeiro pesadelo para os pais, que se estressam pela vulnerabilidade dos filhos.

É triste não poder oferecer aos nossos adolescentes um país seguro, no qual eles possam andar livremente nas cidades, exercitando sua cidadania, podendo se reunir com amigos na rua, voltar tarde da noite depois de se divertir, sem que seja necessária uma escolta dos pais para ir e vir. Nessa fase da vida, em que a autonomia deveria estar sendo plenamente exercida, eles acabam tendo que depender da segurança e da presença e vigilância dos pais ou de adultos que lhes sejam referências.

Isso significa uma limitação que afeta uma fase do desenvolvimento normal da adolescência de modo muito severo. A interação com os pares acaba ficando muito restrita por esses estressores sociais que geram a falta de segurança, como indicam os altos índices de violência.

Com essa limitação de viver a vida com liberdade e segurança, grande parte dos adolescentes convive de modo virtual. Eles ficam fechados dentro dos quartos, interagindo por meio de dispositivos eletrônicos e, se deixarmos, ali passam seus dias. Conceitualmente, interações virtuais não desenvolvem habilidades socioemocionais por causa da ausência do olho no olho, do contato físico e da observação comportamental do outro.

É muito importante que os pais entendam que seus filhos estão tendo uma adolescência absolutamente diferente em termos de vivências sociais do que a que eles tiveram. Muita coisa relativa à segurança pública mudou, e a geração atual é a das grades, dos muros, das guaritas, das cancelas, dos interfones, das portarias, dos condomínios fechados, dos portões trancados, dos lugares seguros. E isso tudo traz consequências.

Essa condição coloca esses jovens em uma privação de liberdade que deve afetar a autoestima, pois no momento em que deveriam estar enfrentando seus anseios no relacionamento com as pessoas estão deficitários de interações sociais.

Além disso, os pais têm que entender que tudo isso afeta também a capacidade de desenvolvimento empático de seus filhos, o que os torna mais autocentrados, com menor tendência de colaboração social, com capacidade diminuída de internalização de regras e normas. Essas questões aparecem nos consultórios terapêuticos e são tema de congressos da área de saúde mental. O índice de problemas escolares, com transtornos de condutas e comportamentos de automutilação, está exacerbado se comparado às estatísticas internacionais.

Um país que não proporciona segurança não ensina empatia e cuidado com o outro, e isso provoca um "salve-se quem puder", um "cada um por si e dane-se o resto". As pessoas tornam-se mais individualistas. Vivemos uma vida voltada para a segurança individual, para a proteção particular, para a saúde e para o patrimônio privados, sempre preocupados em garantir uma condição financeira individual que nos propicie algum nível de proteção. Com isso, pagamos segurança, saúde e escolas privadas, em uma luta desenfreada para nos livrarmos daquilo que o país não é capaz de garantir publicamente. O efeito disso é uma comunidade vulnerável e doente. Afinal, a sociedade é o somatório das individualidades; então, indivíduos afetados, sociedade afetada.

Tudo isso é péssimo, pois banalizamos o inaceitável e ajustamos as pessoas à selvageria. Nas últimas décadas, com a maior deterioração social do país, tanto as crianças quanto os adolescentes começaram a trazer nas consultas psicológicas queixas recorrentes relacionadas ao medo da violência, tanto com eles quanto com os familiares. São relatos do tipo: "Tenho medo de que meus pais sejam sequestrados, assaltados, mortos, de que não voltem para casa", e outros similares. Esse fenômeno vem sendo observado na prática clínica dos terapeutas, mas é possível acompanhar a evolução, ou melhor, a degradação social que afeta a saúde mental das pessoas.

Vemos pais o tempo todo dizendo para os filhos: "Cuidado, não ande sozinho, saia sem objetos pessoais, eles podem ser roubados, cuidado à noite, não fale com estranhos". Isso é extremamente estressante, e não há como sairmos totalmente ilesos de uma vida com essa qualidade. O descaso com as questões de segurança e violência não ensina lições de empatia aos adolescentes, mas apenas que "você deve se adaptar, seja lá como for". Não é à toa que estamos com indicadores sociais muito aquém do que poderíamos considerar razoáveis se comparados aos países com menos vulnerabilidade social.

Dicas para pais e responsáveis: apesar da limitação das nossas ações sociais em razão da vulnerabilidade da nossa segurança pessoal, não deixe de incentivar a vida coletiva e a socialização dos seus filhos – obviamente promovendo isso em ambientes seguros. Essa é a fase da vida em que mais necessitamos exercitar nossa sociabilidade e aprender e refinar nossas habilidades socioemocionais. O convívio social permite o desenvolvimento da empatia, da tolerância à frustração, do respeito ao outro e da internalização das regras e dos acordos sociais. Estimule seus filhos a ir à casa dos amigos, promova encontros e acolha adolescentes na sua casa com frequência. Isso é de suma importância para seus filhos.

XENOFOBIA E PRECONCEITO

Xenofobia é a repulsa ao estranho, ao estrangeiro. É a percepção de que as diferenças de crenças, de costumes, de atitudes, de orientação sexual, de gênero, de religião, de cultura em geral afetam a estabilidade individual ou coletiva das pessoas. É uma reação de medo de um ataque ou de uma contaminação de valores culturais, descaracterizando uma cultura por outra. Preconceito, por sua vez, é um conceito ou opinião formado sobre algo ou alguém antes mesmo de conhecer o objeto ou a pessoa. O termo pode ser aplicado a muitas situações, desde uma comida que alguém não experimentou e já julga pela aparência até as relações humanas. A xenofobia poderia se enquadrar como um tipo de preconceito humano – repulsa por alguém com base em seu local de origem –, mas existem muitos outros: cor da pele, aparência física, sexualidade etc. Qualquer forma de preconceito é prejudicial para o desenvolvimento de uma sociedade justa, democrática e igualitária. Sofrer xenofobia e preconceito na adolescência é extremamente traumático e nocivo. Praticar é preocupante, pois pode até caracterizar crime. Os pais devem estar atentos nos dois casos.

É de suma importância a orientação e a educação para o combate ao comportamento de repulsa ao diferente, de enxergar a diversidade como uma ameaça ou como um problema ou aberração. Nada pior do que sermos julgados ou repudiados por sermos como somos, por sermos diferentes. E isso vale para qualquer tipo de diversidade, denota um tremendo juízo de valores e de superioridade. Algo do tipo: "Minha religião, minha cor de pele, minha expressão sexual, minha nacionalidade, minha cultura etc. são melhores do que as suas".

Adolescentes têm, como já dissemos, a necessidade de se identificar com grupos e se juntar a eles como forma de afirmação de sua identidade em construção. Portanto, é muito importante que isso ocorra de uma maneira saudável, sem que precise haver radicalismos que, de alguma maneira, desaguem em preconceito ou xenofobia.

A origem da xenofobia é explicada até como uma tendência comportamental que está gravada no nosso DNA, por conta de um modo de agir evolutivo que foi selecionado e era favorável na pré-história. Lá atrás, no ambiente ancestral de onde viemos, ser hostil e pouco receptivo ao diferente era uma forma de proteção. Quando dois grupos humanos diferentes se encontravam, eles se observavam e percebiam suas diferenças corporais, faciais e culturais. E entendiam que quando um estrangeiro, um desconhecido chegava poderia haver animosidade em uma possível disputa por recursos ambientais, como território, abrigo, alimento etc. Nessa lógica, o diferente poderia, de fato, ser bastante perigoso.

Mas o tempo passou, e estamos no século XXI. Só que essa memória atávica comportamental é ainda um pouco "instintiva". Você já reparou que o nosso olhar se volta automaticamente para tudo o que é diferente? Se alguém entra em um ambiente vestido de um modo muito estranho e diverso da média como todos se vestem, todo mundo olha. Não há nada de mal nisso, mas é um traço meio "ancestral" que nos habita, é nossa biologia avaliando potenciais perigos. Ela ainda está atenta, em alerta.

Entretanto, no contexto da sociedade atual e civilizada, as aprendizagens ambientais precisam contribuir muito para que esse botão da xenofobia e do preconceito seja calibrado, e por vezes até bastante reduzido. Aprender a conviver sistematicamente com a diferença faz com que nos habituemos com ela, a consideremos normal. Ou seja, o diferente perde a "graça" e já não nos chama mais a atenção se nos acostumamos a conviver com ele. Por isso, qualquer forma de segregação é péssima e acaba não gerando a naturalização das diferenças, tão necessária ao mundo para atingirmos a paz.

O botão do preconceito e da xenofobia pode sempre ser calibrado por meio da educação, mas ele não desaparece. É um traço herdado dos nossos ancestrais. Por isso, devemos ter uma constância e uma regularidade para reavaliar nossos valores sociais. Isso vai ajudar essa calibragem de acordo com as regras sociais, o que precisa ser ensinado e passado aos adolescentes. Por isso, o exemplo dos pais é fundamental. Não adianta se dizer não xenofóbico, não preconceituoso. As opiniões por meio de falas agressivas revelam o que de fato pensamos. Os pais têm que se demonstrar não xenofóbicos e não preconceituosos nas suas falas e atitudes cotidianas.

Os adolescentes são mais disponíveis emocionalmente para gostar das coisas diferentes. Eles querem experimentar o mundo, querem explorar. Os pais devem preparar os filhos para o mundo que está surgindo, com mais tolerância e inclusão. Por isso, não devemos aceitar piadas ou comentários debochados sobre a aparência das pessoas, sobre a cor da sua pele, sobre seu peso, sua orientação sexual, enfim, sobre seus atributos, as características que fazem a pessoa ser como é.

Uma pessoa é como é – e ponto. Ninguém precisa gostar dela, ninguém precisa nem gostar do que ela faz ou de como se comporta. Mas ninguém deve agredir e nem desqualificar o outro só porque não gosta. Aceitar os diferentes é aceitar o mundo e a vida como ela é. Porque antes a pessoa já se aceitou também, porque ninguém é igual a ninguém, mesmo tendo o mesmo número de células. Nem mesmo gêmeos univitelinos são totalmente iguais – sempre há leves diferenças, porque nada no mundo é igual. Tudo é diferente. Uma metade do seu corpo é diferente da outra metade. Nem uma folha de uma árvore é idêntica a outra. Conscientização e educação devem começar em casa.

Sofrer preconceito é algo muito sério, e não deve passar em branco pelo adolescente. É preciso que pais e educadores detectem se seu filho ou aluno está passando por isso e tomem as providências cabíveis. Falamos sobre isso no verbete *bullying*.

Um outro aspecto importante a ressaltar: quem é convidado a participar do bullying pelo grupo que humilha pode sentir repulsa, nojo e raiva dos agressores. Essa poderia ser considerada até uma forma "saudável" de xenofobia ou preconceito, pois vai garantir a diferenciação desse adolescente dos que praticam a agressão e o preconceito. Essa repulsa será uma forma de dizer: "Eu não sou assim, eu não pertenço a esse grupo!". Claro que não faria o menor sentido agredir fisicamente os agressores. A atitude civilizada é buscar a garantia dos direitos de todos usando as leis que nos protegem, um exercício pleno da mais pura cidadania. E, como todo e qualquer outro comportamento, tudo vai depender da situação, da dose e da adequação do comportamento em questão.

Deve ficar claro para todo mundo que neste momento há um número imenso de pessoas em seus cotidianos sendo discriminadas simplesmente pela sua cor de pele, pela sua forma estética, pela sua religião, por suas crenças, por suas expressões de gênero e de sexualidade, por serem portadores de algum quadro do tipo síndrome de Down, autismo, cromossomopatias diversas, limitações físicas, e que a intolerância é uma arma cruel mutiladora de autoestima e da dignidade dessas pessoas. É arriscado demais sermos preconceituosos e discriminadores – afinal, quem controla as vicissitudes? Hoje você pode ser o algoz, amanhã poderá ser a vítima, direta ou indiretamente, por meio de uma pessoa que você ama e que é extremamente significativa para você.

O lema para combater tudo isso é simples: sejamos intolerantes com a intolerância! A propósito, xenofobia e intolerância são crimes.

Dicas para pais e responsáveis: seja empático com os filhos sempre. Você certamente não gostaria que seu filho fosse discriminado por ser como ele é. Porém, não intencionalmente, podemos ainda fazer piadas ou ter falas que segregam e desqualificam minorias. No entanto, não há mais espaço para isso em nossa sociedade. Portanto, coíba esse comportamento, se policie, se reeduque. Precisamos nos tornar intolerantes com a intolerância. Afinal, se hoje julgamos, amanhã poderemos ser julgados. A sociedade está cada vez mais atualizada para a intolerância, inclusive na elaboração de leis que criminalizam atos xenofóbicos e preconceituosos. Prepare seu filho para a vida, para o respeito pelos outros e para conviver com a diversidade, respeitá-la e aceitá-la. Ninguém é obrigado a gostar de nada, mas não precisamos destruir ou agredir aquilo de que não gostamos. Comportamentos xenofóbicos e preconceituosos são perigosos e instigam conflitos que podem se tornar incontroláveis e danosos para todos. Não seja você um foco de intolerância e agressão social.

ZELO

Zelo significa um grande cuidado e preocupação que se dedica a alguém ou a algo. Também quer dizer empenho aplicado na realização de alguma coisa, como tarefas, deveres, obrigações etc. É um valor importante de se ensinar e praticar com os filhos, principalmente adolescentes, porque está ligado à responsabilidade. O que deixamos para nossos filhos de valores, de exemplos, acaba sendo a única herança com garantia de permanência. Os bens materiais, o dinheiro e quaisquer outras coisas podem sumir, falir, acabar. Já nossas marcas de valores, de amor e de cuidado ficam para sempre, e seguirão nutrindo os afetos e as lembranças mesmo depois de nossa partida, mesmo depois de não estarmos presentes fisicamente como pais.

Quando demonstramos zelo pelas pessoas e pelas coisas que amamos, estamos ensinando aos nossos filhos quais coisas são realmente importantes, quais representam um grande valor nas nossas vidas e devem ser cuidadas e conservadas para sempre.

Em um momento de tanta insegurança, podemos ser uma base segura para nossos filhos adolescentes. Eles merecem nossa atenção e carinho, e isso se transmite por meio do zelo. A dedicação parental ensina aos filhos sua importância em nossas vidas, e ensina igualmente a valorização e o cuidado daquilo que é importante na vida deles também. Quando cuidamos, ensinamos a cuidar – e essa lição é passada pelo exemplo, sendo os pais as principais referências na transmissão desse aprendizado.

Os pais são verdadeiros modelos, verdadeiros parâmetros quando demonstram cuidar dos filhos, das relações familiares, das amizades, das coisas materiais, e também das normas e valores do mundo. Vemos que pais que socializam e valorizam as amizades e o estar com pessoas queridas ajudam muito na socialização dos filhos. Vemos na via oposta que quando os pais são fechados, isolados socialmente, acabam não demonstrando que estão zelando pelas relações com os outros, e isso se reflete muito como uma tendência de comportamento dos filhos no futuro.

Pais zelosos com suas vidas, pais que se cuidam, que têm uma boa autoestima, que cuidam da sua saúde e aparência, do seu bem-estar em geral ensinam aos filhos que o autocuidado é igualmente importante. Há estudos que demonstram isso. Quando os pais são desleixados com os vínculos familiares, com as relações de trabalho e, principalmente, com o autocuidado, têm filhos que tendem a repetir esses padrões e acabam relaxando e descuidando de si e dos demais. É como se não tivessem aprendido essa lição – e, de fato, não aprendem mesmo.

Claro que pais erram, e isso é comum e frequente no processo de educar alguém. Mas quando a base é constituída de cuidado, de preocupação com o bem-estar do outro, quando fundamentalmente há zelo, o terreno acaba sendo fértil para que frutifiquem relações promissoras e cuidadosas, e tudo que é feito é de fato importante na vida.

Finalizamos aqui esta obra falando sobre zelo. Devemos zelar por tudo aquilo que celebra a vida, por todos os valores que nos fazem humanos: o amor, as relações familiares, sejam elas consanguíneas ou não, as amizades, a parentalidade, a filiação, o crescimento, o amadurecimento, as aprendizagens, a cultura, a arte, a natureza, os animais, a empatia, o respeito, a compaixão e o altruísmo. Tudo aquilo que desejamos para nós mesmos e para quem mais amamos. Zelo é cuidado, é valor, é amor.

Dicas para pais e responsáveis: o amor e o zelo são democráticos. Podem ser distribuídos por qualquer um e não dependem de título acadêmico, de dinheiro nem de cultura. Fazem parte da linguagem inata das nossas emoções. Porém, precisam ser ensinados, praticados, mostrados como exemplo, e ninguém melhor do que os pais para servirem como a principal fonte de transmissão desse aprendizado. Somos modelos de comportamento para nossos filhos e de cuidado com eles, de zelo e de valorização da família, dos amigos, dos vínculos e, sobretudo, do autocuidado e da autoestima. Nosso exemplo ensina muito aos nossos filhos e pode refletir na relação futura que eles terão com os filhos deles, com suas famílias, com seus amigos e com seu próprio corpo, saúde, autoaceitação e autovalorização – com o mundo como um todo. Sejamos zelosos nos valores que transmitimos aos nossos filhos. Afinal, somos modelos com alta capacidade de influenciar suas vidas futuras.

IMPRESSÃO:

PALLOTTI
GRÁFICA

Santa Maria - RS | Fone: (55) 3220.4500
www.graficapallotti.com.br